金融经济与企业财务管理研究

张璐熙 著

延吉·延边大学出版社

图书在版编目（CIP）数据

金融经济与企业财务管理研究 / 张璐熙著. -- 延吉：延边大学出版社，2024.9. -- ISBN 978-7-230-07177-2

Ⅰ．F275

中国国家版本馆 CIP 数据核字第 2024U2A854 号

金融经济与企业财务管理研究
JINRONG JINGJI YU QIYE CAIWU GUANLI YANJIU

著　　　者：	张璐熙		
责任编辑：	李　磊		
封面设计：	文合文化		
出版发行：	延边大学出版社		
社　　　址：	吉林省延吉市公园路 977 号	邮　　编：	133002
网　　　址：	http://www.ydcbs.com	E-mail：	ydcbs@ydcbs.com
电　　　话：	0433-2732435	传　　真：	0433-2732434
印　　　刷：	廊坊市广阳区九洲印刷厂		
开　　　本：	710mm×1000mm　1/16		
印　　　张：	12.5		
字　　　数：	220 千字		
版　　　次：	2024 年 9 月第 1 版		
印　　　次：	2024 年 9 月第 1 次印刷		
书　　　号：	ISBN 978-7-230-07177-2		

定价：78.00 元

前　　言

在全球化与数字化浪潮并进的今天，金融经济与财务管理的复杂性和重要性日益凸显。随着全球经济一体化的深入发展，金融市场日益成为资源配置的核心舞台，而有效的财务管理则是企业乃至国家经济稳健增长的关键驱动力。面对瞬息万变的宏观经济环境、日新月异的金融工具以及日益严格的监管要求，如何准确把握金融市场的脉搏，科学实施财务管理策略，成为每一位经济学者、企业决策者及财务专业人士必须面对的重要课题。

金融经济不仅是数字的堆砌，更是经济活动的血脉，它关乎资源的优化配置、风险的有效管理以及经济的可持续发展。而财务管理，作为企业管理体系的核心环节，其高效运作直接关系到企业的生存与发展，乃至整个经济体系的稳定与繁荣。

本书力求全面而深入地剖析金融经济与财务管理的精髓，既注重理论基础的夯实，又强调实践应用的指导。本书首先对企业财务管理进行概述，然后介绍了企业财务管理体系，分析了企业财务管理与金融市场的关系，并对金融体系、金融创新、绿色金融进行了研究，最后针对企业财务金融管理信息化建设、创新与持续改进提出了建议。

在本书的写作过程中，笔者参考和借鉴了一些知名学者和专家的观点及论著，从中得到了启示，在此向他们表示由衷的感谢。由于笔者的能力有限，本书难免存在纰漏、不当之处，恳请同行、专家、学者和广大读者批评指正。

张璐熙

2024 年 9 月

目　　录

第一章　企业财务管理概述 ……………………………………………… 1

第一节　企业财务管理的特点和原则 …………………………………… 1
第二节　企业财务管理的地位和作用 …………………………………… 6
第三节　企业财务管理的目标 …………………………………………… 11
第四节　企业财务管理的要求 …………………………………………… 18

第二章　企业财务管理体系构建及企业财务管理创新 ………… 22

第一节　企业财务管理体系构建 ………………………………………… 22
第二节　企业财务管理创新 ……………………………………………… 30

第三章　企业财务管理与金融市场 …………………………………… 38

第一节　金融市场与金融工具 …………………………………………… 38
第二节　金融市场对企业财务管理的影响 ……………………………… 41
第三节　金融市场环境下企业财务管理改革 …………………………… 43
第四节　金融工具在企业财务管理中的应用 …………………………… 46

第四章　金融体系 ………………………………………………………… 51

第一节　金融体系的构成 ………………………………………………… 51
第二节　金融体系的基本功能及必备能力 ……………………………… 56

第三节　金融体系的影响因素 …………………………………… 63

　　　第四节　互联网金融风险治理体系 ………………………………… 67

第五章　金融创新 ………………………………………………………… 72

　　　第一节　金融创新的含义、理论基础及种类 ……………………… 72

　　　第二节　金融创新的本质及影响 …………………………………… 81

　　　第三节　金融创新体系的基本框架与要素构成 …………………… 84

　　　第四节　金融创新与产业结构转型升级 …………………………… 94

　　　第五节　金融创新对企业财务管理的影响及其强化策略 ………… 97

第六章　绿色金融 ……………………………………………………… 102

　　　第一节　绿色金融的含义及其发展趋势 ………………………… 102

　　　第二节　我国实施绿色金融的目的及存在的问题 ……………… 105

　　　第三节　绿色金融立法 …………………………………………… 110

　　　第四节　完善我国绿色金融法律制度的基本设想 ……………… 115

　　　第五节　绿色金融对企业财务决策的影响 ……………………… 126

第七章　企业财务金融管理信息化建设 ……………………………… 131

　　　第一节　财务金融管理系统 ……………………………………… 131

　　　第二节　数据分析与智能决策支持 ……………………………… 142

　　　第三节　信息安全与风险管理 …………………………………… 152

　　　第四节　信息化推动的财务流程优化 …………………………… 162

第八章　企业财务金融管理创新与持续改进……166

第一节　企业财务金融管理理念与模式创新……166
第二节　先进管理工具与方法的引入……169
第三节　跨部门协同与财务业务一体化……176
第四节　人才培养与团队建设……183

参考文献……191

第一章 企业财务管理概述

第一节 企业财务管理的特点和原则

随着以科学技术为主体的知识的生产、分配和使用（消费）在经济发展中所占比例逐年提高，管理显得日益重要。要使科学技术转化为生产力，就必须依赖科学管理。只有科技和管理共同进步与发展，才有可能保持经济的快速、健康增长。财务管理作为企业管理的重要组成部分，是关乎资金的获得和有效使用的管理工作。财务管理的质量会直接影响企业的生存与发展。

一、企业财务管理的特点

（一）手段智能化

随着计算机辅助管理软件在财务管理中应用的不断深入，企业财务管理的信息化和数字化程度不断提升，企业管理手段日趋程序化，管理效率大幅提升。在财务管理中，为了排除人为因素的干扰，最大限度地削减管理的随意性和盲目性，企业引入了管理信息系统（management information system，MIS），使企业财务管理日趋缜密和简化。同时，网络技术的运用使得企业财务管理人员可以足不出户，远程财务管理已成现实。

（二）目标多元化

企业财务管理目标是与经济发展紧密相连的，并随经济形态的转化和社会的进步而不断深化。企业的生存与发展必须依赖员工富有创新性的劳动。为此，企业必须把"员工利益的最大化"纳入其财务管理目标之中。另外，满足与企业关系密切的集团，如债权人、客户、供应商、战略伙伴、潜在的投资者、社会公众等的利益需要，也是企业财务管理的目标之一。同时，专利、专有技术、商标、商誉、信息等以知识为基础的无形资产在企业中所发挥的作用越来越大，由此扩展了资本范围，改变了资本结构。而不同的资本所有者对企业均有经济利益方面的要求，这决定了企业经济利益不仅属于股东，还属于相关利益主体。参与企业利益主体的多样性和财务管理活动的层次性，决定了财务管理目标的多元化结构和层次性结构，这就要求财务管理目标不可能简单等同于以个人利益为主体的个人目标，而是所有参与者利益博弈的结果，即它是所有参与者共同作用和相互妥协的结果，是一个多元化、多层次的目标体系。

（三）以生存为先导

企业未来财务活动的发展方向、目标以及实现目标的基本途径和策略是企业财务管理战略关注的焦点。企业财务管理战略的总体目标是合理调集、配置和利用资源，谋求企业资金均衡、有效的流动，形成企业核心竞争力，最终实现企业价值最大化。实施战略管理能够保持企业健康的财务状况，有效控制企业的财务风险。在市场经济条件下，资金和人力资源是企业的核心资源，一旦企业陷于困境或破产，人力资源就会重返劳动力市场，难以用来偿债，只有资金类资源才可以用来偿债。这就说明企业在发展战略上，必须坚持以生存为先导，始终保持企业的可持续快速发展。

（四）强调科学理财

受全球经济一体化进程、跨国公司国际投资引起的国际资本流动以及我国货币融资政策的影响，企业财务管理的地位和作用日益突出。企业财务管理必须不断吸收先进的财务管理经验和成果，大力增强现代理财意识，以积极的态度掌握和运用理财工具，努力掌握现代理财技巧，助推企业实现健康、稳步、快速发展，有效化解企业的生存风险。一般来说，企业的生存风险主要包括经营风险和金融风险。经营风险主要存在于产品的更新换代以及新产品的开发与研制方面；金融风险主要表现在企业的发展越来越离不开金融市场。这是因为金融市场的配置效率越来越高，资金的流动性更强。企业可以充分运用金融工具，合理化解金融风险，并利用闲置资金在金融市场进行科学投资，提高资金的使用效率。然而，这也会使企业的生存发展与金融市场息息相关，企业面临的金融风险将更大。动态的金融环境中会出现很多变动，如利率、汇率会经常性变动，不利于企业的变动很可能使企业陷入困境，乃至破产。在动态的金融市场中，如果投资组合决策出现失误，企业就可能陷入财务危机。因此，企业必须大力提高理财技能，以保证最大限度地降低财务风险。

（五）对象交叉化

随着我国社会主义市场经济的快速稳步发展，社会分工进一步细化，团队协作日益重要。为了更好地适应社会和经济的发展，行业之间、企业之间、企业内部各部门之间，财务管理边界出现了"渗透"。财务管理需要以企业整体为单位，将客户、供应商以及其他与企业保持利益关系的人才都纳入财务管理对象之列。这样，跟以往相比，企业财务管理对象就呈现出交叉化的特点。交叉化管理不但能充分挖掘本企业的财务潜能，而且能充分利用相关单位财务管理方面的积极因素。

（六）管理专业化

成本、利润、资金占用是反映企业经营管理水平的综合指标，而财务状况的好坏和财务管理水平也制约着企业各个环节、各个部门的工作。财务管理的综合性决定了要做好这项工作，必须解决好两个方面的问题：

一方面，从事财务工作的人员，要与其他部门人员密切合作，为实现企业的经济目标和提高经济效益献计献策。财务部门的人员要走出去，把自己的工作渗透到企业管理的各个方面，为其他部门出主意、想办法，开源节流。财务部门应把这项渗透性的工作看作分内的事，如果关在屋子里算"死账"，单纯在财务收支上打算盘，甚至以财权去"卡"别人，那么最终将影响整个企业的经济效益和各项财务指标的完成。财务人员必须具备较高的素质，除了要通晓财务管理学（一门以政治经济学为基础、以数学为支柱，涉及多门学科的专业性经济管理科学）、会计学的专业知识，还要懂得本企业的技术知识，对企业的其他专业性管理也应有所了解。财务人员如果知识面狭窄，就不能成为一名出色的财务管理人员。

另一方面，企业的各个部门要积极支持、配合财务部门的工作。一个企业要管好财，绝不是财务部门和少数财务人员所能办到的，必须依靠企业上下左右的通力合作。企业领导者必须重视、尊重、支持财务部门的工作，充分发挥财务人员的作用。同时，企业领导者自己也要懂得必要的财务管理知识，起码要做到会看财务报表、会分析财务报表，并从中发现企业管理上存在的问题。作为一名企业领导者，若不懂得财务管理，那么他的知识结构是不完备的。严格地说，这样的领导者是不称职的。当家不会理财，这个家是当不好的。

总之，财务管理是企业赖以生存发展的"血脉"，是企业管理最重要的构成部分之一。可以说，成功的企业必定拥有成功的财务管理。

二、企业财务管理的原则

（一）成本效益原则

企业财务管理关心的不仅是资金的存量、流量，还包括资金的增长量。为了满足人民群众不断增长的物质、文化生活需要，就要做到经济效益的最大化，即用最小化的劳动垫支、最小化的劳动消耗，创造出最大化、最优化的劳动成果。从根本上看，劳动占用、劳动消耗这些都属于资金占用以及成本费用，而劳动成果的表现是营业收入与利润。遵循成本效益原则，可以提高企业经济效益，使投资者权益最大化。

在筹资活动中，会有资金成本率、息税前利润率两者间的对比分析问题；在投资决策中，会有各期投资收益额、投资额两者间的对比分析问题；在日常经营活动中，会有营业成本、营业收入两者间的对比分析问题；其他还有设备修理、材料采购、劳务供应、人员培训等问题。这些问题无不存在经济的得失与对比分析问题。

企业一切成本、费用的发生，都是为了取得最终的收益，因此企业应当按照成本效益原则进行各方面的财务管理与决策。这一原则是各种财务活动必须遵循的原则。

（二）均衡原则

在财务活动中，收益与风险的高低成正比，高收益的背后往往蕴藏着高风险。

比如，对流动资产的管理，如果持有较多的现金，就可以减少企业债务风险，提高偿债能力。银行利息降低则意味着库存现金收益价值降低。

在筹资方面，发行债券还是发行股票，利率固定，利息可在成本费用中列支，这些对企业留用利润的影响很小。如果提高自有资金的利润率，企业就要按期还本付息，承担的风险也会随之加大。

无论投资者还是受资者，都应当尽可能使收益与风险相适应，要求的收益越高，风险就越大。不同的经营者对风险的态度是不同的，有人是风险回避者，宁愿稳妥一点，而不愿冒较大的风险；有人是冒险者，甘愿去冒风险，谋求巨额利润。无论市场的状况好坏，无论经营者是求稳还是求利，都应当对投资项目的风险和收益做出全面的分析和权衡，选择对自己最有利的方案。经营者要想提高企业经济效益，就要把握均衡原则，将收益高、风险大的项目与收益低、风险小的项目搭配起来，通过分散风险的方式来均衡风险与收益，这样做既降低了风险，又能获得较高的收益。

第二节　企业财务管理的地位和作用

财务管理指的是企业在管理过程中对企业资产进行管理的管理形式，其主要内容包括企业的投资、融资和对流动资金的管理和利润的分配等。从财务管理的概念中我们可以发现，财务管理贯穿企业管理的始终，是企业管理模式中不可缺少的部分。因此，要促进企业的长远发展，必须要求企业管理人员重视财务管理，做好财务管理工作。然而，我国企业财务管理的实际情况却是部分企业领导人员错误地估计了财务管理在整个企业管理中的重要地位和作用，使得企业财务管理无法正确发挥其效用。因而，目前我国企业的当务之急是认识财务管理在企业管理中的重要作用和地位，并积极发挥其有效作用。

一、企业财务管理的地位

（一）企业财务管理是企业管理的核心内容

财务管理贯穿企业管理的始终和任何环节之中。企业的主要目标是通过生产和经营活动来获取最高的商业利润。财务管理人员通过对企业一段时间或者一年的资产出入信息进行收集、整合和分析，对企业的收支情况进行总结。通过财务管理人员的汇报，企业领导人员可以对下一阶段的经营和决策进行适当调整，以寻求更高的经济效益。从这方面来看，财务管理不仅贯穿企业管理的始终，而且具有其他管理部门无法取代的重要作用。

（二）企业财务管理与企业各种管理联系密切

财务管理在企业管理中的核心地位要求其必须与企业其他管理部门具有密切的联系，也要求其他管理部门必须依靠财务管理部门的参与进行有效运转。首先，这是因为企业的生产和经营活动均需要依靠资产，如企业在进行融资和投资时必须依靠企业的财务管理；其次，为了获取最大的经济效益，企业在进行投资或者生产经营活动时必须做好规划，要结合财务管理部门提供的财务报告进行综合分析；最后，企业管理人员要根据财务管理部门提供的财务报告对自己部门的工作进行调整，从而提高工作效率，提高企业的经济效益。

二、企业财务管理的作用

财务管理是企业整个管理工作中的一个重要方面。企业较高的管理水平和较好的经济效益，同健全的财务管理工作是分不开的。一个企业若资金管理混乱，挥霍浪费，生产经营活动是不可能顺利进行的；一个企业若不讲经济核算，不计消耗，大手大脚，也不可能取得好的经济效益。企业财务管理的作用主要表现在以下几个方面：

（一）加强财务管理，有计划地组织资金供应，可使企业生产经营活动提高资金利用率

企业从事经济活动，必须有一定数量的资金用于购置生产资料、支付职工工资和维持日常开支。企业资金的筹集、组织是由财务活动去实现的。这是财务管理的基本职能或一般要求。财务部门要根据企业的生产经营任务，按照节约使用资金的原则，确定必需的资金数量；通过正确地组织和使用银行贷款以及企业内部形成的资金来源等渠道，使企业需要的资金得到及时供应；通过有计划地调度资金，组织资金收支在数量上和时间上的衔接与平衡，保证资金循环、周转的畅通无阻；通过经常分析资金在生产经营各个阶段上的占用情况，找出不合理的占用因素，采取措施加速资金周转。

财务管理的作用还在于严格控制、监督各项资金的使用，减少资金占用。财务部门组织资金供应，并不意味着"有求必应"，要多少给多少，更不是说谁想怎么花就怎么花，而是要按照国家政策和规章制度及企业财务制度办事，严格控制开支范围和开支标准，在保证需要的前提下力求减少生产过程和流通过程中的资金占用，提高资金的利用效率。

（二）加强财务管理，是减少劳动消耗、提高经济效益的重要手段

提高经济效益，是要以尽量少的劳动消耗和物化劳动消耗，生产出尽可能多的符合社会需要的产品。提高经济效益是一个大课题，需要多层次、多层面的相互协作。就企业而言，在确定产品方向、确保产品质量的前提下提高经济效益，就要在减少劳动消耗上下功夫。而财务管理的重要任务，正是合理地使用资金和设备、加强经济核算、挖掘一切潜力等，这些无一不是围

绕减少消耗这个目标展开的。离开财务管理这个极为重要的手段，提高经济效益显然是不可能的。有人把财务管理和经济效益之间这种密切的关系形象地称为"血缘"关系，这不是没有道理的。财务管理在提高企业的经济效益方面，至少可以发挥三个方面的重要作用。

1. 反映作用

企业经营好坏、效益高低，是实实在在的东西，要经过详细、科学的计算和分析才能准确地反映出来。对企业在生产经营过程中原材料的消耗、劳动力的消耗、费用开支等进行科学归纳、计算，是财务和会计的固有职能。没有扎实的计算，经济效益的好坏就无从判断。反映经济效益最重要的信息是财务报表。企业在一段时期内花费了多少、盈利了多少，通过财务报表可以看得清清楚楚。

2. 控制监督作用

财务部门通过制定财务计划和财务制度，确定各项产品和劳务的成本，规定各种费用标准。严格按定额和开支标准办事，能有效地控制消耗水平。否则，原材料消耗和开支便无章可循。若任意挥霍浪费，提高经济效益就是一句空话。发挥财务的控制监督作用，还可以使职工的生产经营活动有共同遵守的准则，有利于形成正常的生产管理秩序。加强财务管理是提高企业经济效益的需要，也是建设现代化企业必须采取的措施。

3. 参谋作用

财务部门通过分析资金运动中出现的问题，可以敏锐地发现、揭示资金运动背后掩盖着的经营管理中的问题，及时向企业领导及有关部门提出建议。同时，财务部门通过经济活动分析，把实际消耗水平与计划水平相比较，能够找出差距和薄弱环节，为减少消耗、提高经济效益出谋划策。

（三）加强财务管理，是提高企业经营决策水平的必要措施

随着我国社会主义市场经济体制的发展和企业自主权的扩大，企业的生

产由面向仓库转为面向市场，产品主要由市场进行调节。生产什么、生产多少，要适应市场的需要。因此，企业的经营决策对企业至关重要。正确的经营决策能够满足社会和人民群众的需要，同时给企业带来较多的利润。与此相适应，财务管理也要冲破传统观念，提出新的研究课题，开辟新的研究领域。目前，我国有些企业的财务部门结合实际学习国外经验，在财务管理方面进行了有益的尝试。它们变静态管理为动态管理，利用有利的条件主动参与企业经营各个环节的预测、组织调节和监督检查。由于财务部门的管理职能渗透到经济活动的各个环节，因此财务部门掌握着企业比较完整、系统的信息。财务部门能够结合市场预测进行不同情况的定量分析，在得失相比中选择最优比值，为企业领导者的决策提供方案。

搞好财务管理，对宏观经济也有重要的意义和作用。这主要表现在，加强财务管理是改善国家财政状况、保证财政收入不断增长的重要途径。企业是国家财政收入的主要源泉。我国财政收入的 90%以上是由各类企业上缴税利形成的。企业财务状况直接影响、决定着国家的财政状况。加强财务管理，有利于确保国家财政收入。一方面，如前所述，财务工作做好了，可以有效减少劳动消耗，提高企业的经济效益和盈利水平。在企业与国家的分配比例确定的情况下，企业盈利多了，自己可以多留，国家可以多得。通过发展生产来提高经济效益、扩大财源，是增加财政收入的根本出路。国家财富要靠广大劳动者在千千万万个企业中创造。企业的经济效益搞上去了，国家的财源才能充裕。另一方面，加强财务管理，严格执行国家规定，及时、足额地缴纳税利，可以封堵财政上的"跑、冒、滴、漏"，从而达到企业财务管理最佳应用效果。

第三节　企业财务管理的目标

财务管理目标既是财务管理理论结构中的基本要素，也是财务管理实践中进行财务决策的出发点和归宿。科学设置财务管理目标，对实现财务管理良性循环和实现企业长远发展具有重大意义。下面，笔者将对国内外学者在财务管理目标研究方面的成果进行总结和归纳，通过分析财务管理目标的特征及影响企业财务管理目标实现的因素，提出企业财务管理的最优目标。

财务管理是在一定的整体目标下，关于资产的购置（投资）、资本的融通（筹资）、经营中现金流量（营运资金）以及利润分配的管理。财务管理是企业管理的一个组成部分，它是根据相关法规制度，按照财务管理的原则，组织企业财务活动，处理财务关系，以让企业实现价值的最大化为目的的一项综合性经济管理工作。

我国的社会经济环境在不断地优化，企业管理的观念和技术也在不断地变化，对最优财务管理目标的争议从未停止。在一定程度上，财务管理的目标对一个企业的发展方向起到了决定性的作用，是企业财务运行的原动力。因此，研究财务管理目标这一基本问题对于企业的发展而言具有重要的现实意义。

一、企业财务管理目标的特征

（一）可计量性和可控制性

财务管理是运用经济价值形式对企业的生产经营活动进行管理。所以，财务管理目标也应该可以用各种计量单位计量，以便于控制和考核指标的完成情况。

（二）层次性和统一性

层次性又称为可分解性，要求财务管理目标具有层次性是为了把财务管理目标按其主要影响因素分为不同的具体目标。这样，企业就可以结合内部经济责任制度，按照分级分类管理的原则，把实现财务管理目标的责任落实到财务管理活动的不同环节、企业的不同部门、不同的管理层次或不同的责任中心。

所谓统一性是指企业的财务管理目标应能协调各利益主体之间的关系，利用约束机制和激励机制，发挥各利益主体的向心力和凝聚力，展现企业的活力。

二、企业财务管理目标的选择

企业财务管理目标（又称企业理财目标），是财务管理的一个基本理论问题，也是评价企业理财活动是否合理有效的标准。目前，我国企业理财的目标有多种，当前较有代表性的企业财务管理目标是企业利润最大化、股东权益最大化和企业价值最大化等，但是它们各自存在明显的缺点。随着我国经济体制改革的不断深入和推进，企业的财务管理已发生了重大变化。因此，根据当前我国企业财务管理的实际情况，有必要对企业财务管理目标的最佳选择再做探讨。

（一）财务管理目标的常见缺点

1.企业利润最大化

主张把企业利润最大化作为企业财务管理目标的人数不少。但是，它存在以下几个明显的缺点：

（1）企业利润最大化未明确企业赚取利润的最终目的是什么，这与目标应具有的体现社会主义基本经济规律性、统一性和明晰性三个特征不太相符。

（2）企业利润最大化未考虑实现利润的时间和资金价值，容易使经营者不顾企业长远发展而采取短期行为。

（3）企业利润最大化未考虑利润产生的风险因素，容易导致经营者不顾风险去追求最大的利润，使企业陷入经营困境或财务困境。

（4）企业利润最大化未考虑利润本身的"含金量"，容易误导经营者只顾追求会计利润而忽视现金流量，使企业因现金流量不足而陷入财务困境。

2.股东权益最大化

与利润最大化目标相比，股东权益最大化在一定程度上能够克服企业在追求利润上的短期行为，目标容易量化，易于考核。但是，股东权益最大化也存在明显的缺陷：

（1）股东权益最大化需要通过股票市价最大化来实现，而事实上，影响股价变动的因素不仅包括企业经营业绩，还包括投资者心理预期及经济政策、政治形势等理财环境，因而带有很大的波动性，易使股东权益最大化失去公正的标准和统一衡量的客观尺度。

（2）经理阶层和股东之间在财务目标上往往存在分歧。

（3）股东权益最大化对规范企业行为、统一员工认识缺乏应有的号召力。人力资本所有者参与企业收益的分配，不仅实现了人力资本所有者的权益，而且实现了企业财富分配原则从货币拥有者向财富创造者的转化，这已成为世界经济发展的一种趋势。

3.企业价值最大化

企业价值最大化目标在实际工作中可能导致企业所有者与其他利益主体之间的矛盾。企业是所有者的企业，其财富最终归其所有者所有，所以企业价值最大化目标直接反映了企业所有者的利益，是企业所有者所希望实现的利益目标。这可能与其他利益主体如债权人、经理人员、内部职工、社会公众等所希望的利益目标发生矛盾。现代企业理论认为，企业是多边契约关系的总和：股东、债权人、经理阶层、一般员工等对企业的发展而言缺一不可，各方面都有自身的利益，共同参与构成企业的利益制衡机制。从这方面讲，只强调一方利益忽视或损害另一方利益是不利于企业长远发展的；而且我国是一个社会主义国家，更加强调职工的实际利益和各项应有的权利，强调社会财富的积累，强调协调各方面的利益，努力实现共同发展和共同富裕。因此，企业价值最大化不符合我国国情。

4.企业经济增加值率最大化和企业资本可持续有效增值

这两个财务目标采用具体指标来量化评价标准，虽在实践中易于操作，但其指标科学性尚值得推敲。而且采用单纯的数量指标，不能体现财务管理目标的全面性，不能满足理财目标的系统性、综合性特点，企业相关利益人的利益很难体现出来。

（二）选择企业财务管理目标的基本原则

1.利益兼顾原则

企业的利益主体主要有投资人、债权人、经营者、职工、政府和社会公众等。确定企业财务管理的最佳目标，应该全面有效地兼顾这些利益主体的利益，并努力使每一个利益主体的利益都能持续不断地达到最大化。需要注意的是，企业所有者承担的风险最大，理应享有最多的权益。财务管理目标在体现企业各种成员的利益，使其得到保障的同时，应该突出企业所有者的利益，以适应所有者所处的特殊地位。

2.可持续发展原则

企业财务管理的最佳目标应有利于企业的可持续发展。现代企业的目标可以概括为生存、发展和获利，三者互为条件、相互依存。财务管理是企业对资金运动及其所体现的财务关系的一种管理，具有价值性和综合性特征。作为财务管理出发点和最终归宿的管理目标，应该从价值形态方面体现资金时间价值、风险与收益均衡等观念，反映企业偿债能力、资产营运能力和盈利能力的协调统一，符合企业目标的要求，从而保证企业目标的顺利实现。同时，财务管理目标应适应市场经济规律的要求，引导资源流向风险低、收益率高的企业。此外，企业作为一种社会存在，其生存发展还要靠社会的支持。因此，财务管理目标应体现一定的社会责任和社会利益，树立良好的企业信誉和社会形象，为企业生存创造一个良好的环境，为谋求长远的发展打下基础。简单来说，企业财务管理目标应该能够克服经营上的短期行为，最大限度地保证企业的长期、稳定、快速地发展。

3.计量可控原则

企业财务管理目标应能被可靠地计量和有效地控制。只有这样，企业财务管理目标才变得具体化，才具有可操作性，才能进行考核和评价。否则，企业财务管理目标就会变得虚化而失去意义。

（三）企业财务管理目标的最佳选择

一个企业，从产权关系来说它是属于投资人的，但从利益关系来说它却是属于各个利益主体的。因此，确定企业财务管理的最佳目标，不能只考虑某一个利益主体的单方面利益，不能只考虑某一时期的利益，而要以科学发展观为指导，以人为本，使所有利益主体的共同利益能全面、持续、协调地发展。所以，笔者认为，企业财务管理目标的最佳选择是相关者利益持续最大化。

1.内涵

相关者利益持续最大化是指企业采用最佳的财务政策，充分考虑资金的时间价值、风险与报酬的关系，价值与价格的关系，经济利益与社会责任的关系，在保证企业长期稳定发展的基础上，使企业的投资人、债权人、经营者、职工、供应商、客户乃至政府、社会公众的利益都能全面、持续、协调地发展，不断达到最大化。

2.优点

相关者利益持续最大化并不是指忽略投资人的利益,而是兼顾包括投资人在内的各方相关者的利益,在使投资人利益持续最大化的同时,使其他相关者利益持续最大化。也就是将企业财富这块"蛋糕"做到最大的同时,保证每一个相关者所分到的"蛋糕"最多。

它的显著优点如下:

(1) 它更强调风险与报酬的均衡,将风险控制在企业可以承担的范围之内。

(2) 它能创造与投资人之间的利益协调关系,努力培养安定性投资人。

(3) 它关心本企业经营者和职工的切身利益,能够创造优美和谐的工作环境。

(4) 它能不断加强与债权人的联系,凡重大财务决策请债权人参加讨论,培养可靠的资金供应者。

(5) 它真正关心客户的利益,在新产品的研究和开发上有较高的投入,不断通过推出新产品来尽可能满足顾客的要求,以便保持销售收入的长期稳定增长。

(6) 它讲究信誉,注重企业形象塑造与宣传。

(7) 它关心政府有关政策的变化,努力争取参与政府制定政策的有关活动等。

3.优势

相关者利益持续最大化的优势反映在它特别有利于企业处理好以下三类利益关系方面上:

(1) 投资人与经营者之间的关系

由于信息不对称,投资人无法对经营者的经营进行全面的监督,即使技术上可行也会因监督成本过大而难以承受。例如,在目前国家这一投资人(大股东)非人格化的条件下,设立监督机构和监督者对国有企业经营者进行监督，可事实证明，这些监督机构和监督者本身又需要再监督，但是谁又能说再监督部门不需要监督呢？所以，在目前我国这种政治体制与所有制形式下，单凭监督很难解决投资人与经营者之间的矛盾，只有将相关者利益持续最大化作为企业的财务管理目标，在利益分配上采用"分享制"，使经营者与投资人之间利益一致，充分发挥经营者的积极性，才能使企业资产高效运行。

（2）投资人与职工之间的关系

从根本上说，由于我国实行社会主义市场经济体制，作为国有企业投资人的国家与职工之间的最终利益是一致的。但不可否认，从局部和短期来看，二者在一定程度上是存在矛盾的。过分强调投资人的利益会降低职工的积极性，从而影响企业的生产力，最终影响投资人的利益；过分强调职工的利益，又会造成企业的长期竞争力受损，造成职工大量下岗的后果。只有同时兼顾二者，才有利于企业的长期、稳定发展。

（3）投资人与债权人之间的关系

将相关者利益持续最大化作为企业的财务目标，让债权人参与企业经营管理，一方面可以降低债权人风险，另一方面又可以降低企业的资金成本，提高企业的资产负债比率，使企业充分利用财务杠杆来提高企业的效益。而且，当企业面临财务困难时，债权人不仅不会向企业逼债，反而会追加投资，帮助企业渡过难关，在保护自己利益的同时，也保护了投资人的利益，实现了"双赢"。

第四节　企业财务管理的要求

一、优化管理经营理念，将财务管理的作用充分发挥出来

企业的经营管理活动的最终目的是保证经济效益的最大化，增加企业的资产。在市场经济条件下，要想保证最高的经济效益，就要做好财务管理工作，从管理水平和管理效果两方面进行提升，将财务管理的作用充分发挥出来，保证企业顺利发展。如今市场环境和市场需求都是变幻莫测的，愈加激烈的市场竞争促使企业的管理层转变和优化经营管理理念，从企业的实际情况出发调整或者整合管理方式，提高管理水平。在财务管理的过程中，管理层要适当地对企业资源进行调整，用于国内外市场的开发，并且从市场发展环境出发寻找适当的投资机会，以获得更大的利润，并且将财务管理对风险的预防和控制作用发挥出来，实现企业资金最大化以及最合理的使用。例如，某个时期投资房地产会获得较大的收益，那么企业可以将闲置的资金投资在房地产项目上，在投资前首先要评估企业投资房地产计划存在的风险，保证企业资金得到有效的运用。企业管理层要跟随企业发展的步伐，更新自身的管理理念，将新的管理理念积极引进来并组织学习，在应用先进管理理念的时候要注意与企业的实际发展情况相契合，真正提高企业管理水平，更好地发挥财务管理作用。

二、构建更为合理的企业财务管理机制

企业的发展和经营活动离不开财务管理机制的帮助,因此不仅要构建财务管理机制,还要保证其完善程度,这样才能提高财务管理工作的效率,最大化地实现经济效益的提高。例如,企业可以通过财务管理来实现内部的成本控制,降低各项费用支出,从而降低经营成本,这样一来企业可以使用最少的经营成本获得最大的经济效益。企业管理层可以制定具体的激励制度来对员工进行激励,这样不仅可以使员工更加积极地投入工作,还能利用他们的主观能动性为公司带来利益。通常来说,管理者会使用财务激励制度,也就是用金钱或者股权来激励员工,这种财务激励机制是最直接的激励方法,效果也是非常不错的,能有效调动员工工作的积极性。企业财务管理人员通过实践工作可以有效地积攒财务管理经验,从而制定制度,对企业财务管理机制的构建有很大的帮助。对企业管理机制进行进一步的完善和丰富,可以使财务管理机制更紧密地结合企业的实际情况,在提高企业经济效益方面效果显著。

三、加强财务管理部门和其他管理部门之间的联系

要切实发挥财务管理的有效作用不仅需要企业领导和管理人员提高对财务管理的重视程度,还需要企业领导注重财务管理部门和其他管理部门的联系,使各部门相互协调发展。我国部分企业在财务管理过程中容易出现这样的错误观念,即企业领导过于看重对资金的管理,认为财务管理实际上就是对资金的管理,财务管理部门只需要做好与资金相关的管理工作即可。实际上,企业财务管理不仅是对资金的管理,还是对人际关系的管理。只有与其他部门工作人员的关系密切,财务管理部门人员才能够及时了解最新的财务

信息，做好财务报告，为企业的经营和发展提供更加真实有效的财务信息。因此，企业在做好财务管理工作的同时还需要加强财务管理部门和其他管理部门之间的联系。

四、增强企业领导人员的风险管理意识

企业在生产和经营活动中有可能遇到各种生产和经营风险。随着社会经济的不断发展，市场经济形势变化多端，要想降低企业的经营风险和财务风险，保证和提高企业的经济效益，企业就要做好生产经营预算管理工作，并建立资产和生产经营风险预警机制。因此，企业领导和管理人员在管理过程中必须强化风险管理意识，树立风险观念，在进行经营决策前要充分重视预算管理和风险管理工作，并提前制订好风险防御方案，降低企业的经济损失。

五、提高财务会计人员的专业素质

财务管理作用的有效发挥不仅需要提高企业领导的重视程度，还需要提高财务会计人员的专业素质。

第一，财务会计人员必须要有丰富的工作经验，对财务会计相关知识包括法律、税务知识有一定的了解和掌握。

第二，财务会计管理人员需要掌握更多的现代化管理理念和方式方法；同时还需要在实践过程中不断加强自我素质的提高，增强自身的协调能力、对突发事件的应变能力和对重大事件的组织管理能力。

第三，无论是财务会计工作人员还是财务会计管理人员，其基本职业道德素质要得到一定的保证和提高，要切实做到爱岗敬业。因此，为了达到人才素质管理标准，企业需要投入大量的时间和精力对财务管理部门人员进行

分类培训。企业应该重视培训效果评估，在培训后采用更加有效的评价方式，切实提高工作人员的综合素质。

第四，为了提高财务管理工作人员的工作积极性和工作效率，企业还需要加强对财务管理部门工作人员的管理，建立有效的绩效考核制度和工作问责制度，将财务管理部门工作人员的工作质量和绩效奖金等联系在一起，对工作表现较好的员工进行资金奖励，对表现略差的员工进行相应的惩罚，促进企业更好地发展。

综上所述，财务管理符合现代企业制度的要求，是企业管理的核心内容，且与企业各种管理关系联系密切，提高对企业财务管理的重视程度可以有效促进企业经济效益的提高，更好地对资金进行全面的预算和结算管理，且能够建立有效的运行机制，降低企业的经营风险。因此，企业在财务管理的实践中需要明确财务管理的作用和地位，切实发挥财务管理的有效作用，注重财务管理部门和其他管理部门的联系，使各部门相互协调发展，同时要建立完善的管理制度，增强企业领导人员的风险管理意识，并重视提高财务会计人员的专业素质。

第二章 企业财务管理体系构建及企业财务管理创新

第一节 企业财务管理体系构建

随着我国社会主义市场经济的发展,国企改革逐步深入,现代企业制度开始在我国建立和完善起来。建立现代企业制度是发展社会化大生产和市场经济的必然要求,并已成为我国国有企业改革的方向。构建现代企业制度,要把财务管理作为企业管理的中心。这就要转变管理观念,正确认识财务管理在市场经济体制下的作用,转变"财务就是记账"的错误认识;要积极借鉴西方财务管理理论,探索适应当前社会主义市场经济条件下财务管理的方法和机制,盘活国有企业存量资产,解决国有资产的优化配置问题;要全面高效地建立以财务预算为前提、以资金管理和成本管理为重点、以企业价值最大化为理财目标并将其渗透到企业生产经营全过程的财务管理机制。

一、建立企业财务管理体系的必要性

从当前的情况来看,我国企业财务管理的弱点主要是体系不健全,绝大多数企业仍在沿用传统的方式方法,以记账、算账、报账为主,甚至财务报表说明不够真实和准确,不能跟上和适应社会主义市场经济的发展。由于企业财务管理体系的不健全,决策层不能及时地了解企业财务的现实状况及未

来发展趋势,一些企业由辉煌到倒闭。有些企业的效益差纯粹是忽视了财务管理体系和财务管理体系未起到相应的作用造成的。

二、企业财务管理体系的主要内容

(一)科学的财务管理方法

根据企业的实际情况和市场需要,现代企业的财务管理体系应包括企业财务预算管理体系、财务控制体系、监督核查体系、风险管理体系及投资决策等内容。企业的各种管理方法应相互结合,互为补充,共同为企业的财务管理战略服务。

(二)准确的市场需求预测

企业财务管理是企业管理工作的一部分,企业的整体管理战略是围绕市场制定的,企业财务管理的目标也是通过市场运作来实现的。因此,企业财务管理体系必须准确预测千变万化的市场需求,使企业能够实现长远发展。

(三)准确的会计核算资料

企业的财务管理工作业绩是通过企业会计数据及资料体现的。会计数据及资料是企业财务决策的基础依据,也是企业所有者、债权人、管理者等企业信息使用者做出相关决策的依据。因此,企业会计资料所反映的内容必须真实、完整、准确。

三、建立财务管理体系要注意的问题

（一）要围绕市场进行

财务管理是对企业资金及经营活动进行的管理。企业资金是在市场中消耗的，也是在市场中循环后增值并回收的。企业资金在投入市场后，只有被市场认可，才可以增值回收，实现资本增值回笼的目的。因此，市场是资本的消耗主体，更是资本的回笼和增值主体。有了市场，资本才能有效运行，财务管理活动才能开展起来，才能够实现企业价值。

（二）要重视资本市场和产品市场

企业的财务管理是通过对企业资本运作进行规划管理，来为企业产品市场做大、做强提供保障。在企业财务管理过程中，资本市场和产品市场是有机连在一起的，二者不可分割。传统的财务管理仅限于企业日常的资金管理，忽视产品市场的管理，导致财务管理工作与企业发展战略不合拍，在企业的战略发展中不能发挥出财务管理工作的作用。现代企业财务管理要将资本管理与市场管理紧密相连，在企业战略管理中发挥其宏观调控职能。

（三）要重视企业的资本

企业经营离不开资本，资本是企业的血液。企业经营的每一个方面、每一个环节都包含了资本的运作过程。企业市场规模的大小，决定了企业资本需求量的大小。根据充分满足和效益管理原则，企业的资本应能充分满足企业现有生产经营规模和市场扩充的需要，保证企业的正常经营。企业的市场管理战略决定了其财务管理战略。企业不同时期的市场竞争战略要求财务管理配合实施，不能造成过大的资本缺口。同时，以市场为中心的管理机构设置模式，决定了企业财务管理人员的岗位设置和各岗位之间的衔接关系。从企业物流的管理到日常支出控制，财务管理的每一个环节均应为企业的管理重心服务。

四、建立财务管理体系遵循的原则

（一）货币时间价值原则

建立财务管理体系遵循的基本原则之一就是货币时间价值原则。在企业的资本运营管理中，货币的时间价值是用机会成本来表示的。运用货币时间价值观念，企业项目投资的成本和收益都要以现值的方式表示出来。如果收益现值大于成本现值，则项目可行；反之，则项目不可行。企业在进行投资管理时，一定要运用财务管理的时间价值原则对项目进行分析论证，保证企业的投资收益，降低企业的投资风险。

（二）系统性原则

企业财务管理体系是由一系列相互联系、相互依存、相互作用的元素，为实现某种目的而组成的具有一定功能的复杂统一体，其显著特征就是具有系统性。财务管理是由筹集活动、投资活动和分配活动等相互联系又各自独立的部分组成的有机整体，具有系统性。企业在构建财务管理体系时，必须树立系统观念，把财务管理系统作为企业管理系统的一部分，共同服务于企业管理乃至社会经济；必须树立整体最优观念，使各财务管理子系统围绕整个企业的财务目标开展工作，不能各自为政；必须坚持整体可行原则，以保证系统的有效运行。

（三）资金合理配置原则

企业在建立财务管理体系时，必须合理配置企业资金，使现金收入与现金支出在数量上、时间上达到动态平衡，实现资源优化配置。企业常用的控制资金平衡的方法是现金预算控制。企业根据筹资计划、投资计划、分配计划等经营计划，编制未来一定时期的现金预算，来合理控制企业资金需求，规避资金风险。同时，企业在进行资本结构决策、投资组合决策、存货管理决策、收益分配比例决策等管理决策时，也必须坚持资金合理配置原则。

（四）成本、收益、风险三位一体原则

成本是企业在生产经营过程中发生的各种耗费。企业在进行财务管理决策时，首先要考虑的问题就是如何在成本较低的情况下获取最大的财务收益。风险是现代企业财务管理环境的一个重要特征，企业财务管理的每一个环节都不可避免地要面对风险。在财务管理过程中，企业的每项财务决策都面临成本、收益、风险问题，因为三者之间是相互联系、相互制约的。因此，企业的财务方案必须是在风险能够承受的范围内，以较低的成本获取较高的收益为原则。财务管理人员必须牢固树立成本、收益、风险三位一体的原则，以指导各项具体的财务管理活动。

（五）利益关系协调原则

企业在建立财务管理体系时，一定要协调好与国家、投资者、债权者、经营者、职工等之间的经济利益关系，维护有关各方的合法权益。从这个角度分析，财务管理过程也是一个协调各方利益关系的过程。利益关系协调成功与否，直接关系到财务管理目标的实现程度。企业要根据国家法律规范、企业规章制度、合同等，采取各种经济手段，协调与相关人员的关系。总之，企业要想处理好各种经济利益关系，就必须依法进行财务管理，保障各方的合法权益。

五、企业现代财务管理体系的构建

（一）积极借鉴西方财务管理理论，建立有中国特色的企业财务管理体系

西方财务管理理论经过多年的发展和完善，已形成了以财务管理目标为核心的现代财务管理理论体系和以筹资、投资、资金运营、分配为主的财务管理方法体系。我国国有大中型企业的现状，决定了我们不能照搬套用西方做法，而应积极探索适应当前社会主义市场经济条件的财务管理内容和方法，吸收利用西方财务管理理论中的先进成分，建立起有中国特色的企业财务管理理论体系。

（二）建立财务预测系统，强化预算管理

预算管理是当今信息社会对财务管理的客观要求。目前部分企业掌握的信息滞后、信息反馈能力较弱，使得财务管理工作显得被动落后。要改变这种状况，就应在预算上下功夫，根据企业特点和市场信息，超前提出财务预算，有步骤、有计划地实施财务决策，使财务管理从目前的被动应付和机械算账转变为超前控制和科学理财，编制出一套包括预计资产负债表、损益表和现金流量表在内的预算体系。为此，企业要充分重视以下几项工作：

（1）做好财务信息的收集和分析工作，增强财务预警能力。企业应注重市场信息的收集和反馈，并根据市场信息的变化安排企业工作，尽可能做到早发现问题，及时处理。

（2）做好证券市场价格变化和企业现金流量变化预测工作，为企业融资和投资提供决策依据，使企业财务活动（包括筹资、投资、用资等方面）避免盲目性。

（3）做好销售目标利润预测。销售预测是全面预算的基础，同时也是企

业正确经营决策的重要前提。只有做好销售预测，企业才能合理地安排生产，预测目标利润，编制经营计划。

（4）围绕目标利润编制生产预算、采购预算、人工预算及其他各项预算。企业确定合理的目标利润并编制全面预算，有助于企业开展目标经营，为今后的业绩考评奠定基础。

（5）围绕效益实绩，考核预算结果，分析产生差异的原因，积极采取措施纠正偏差。企业在日常经济活动中必须建立一套完整的日常工作记录和考核责任预算执行情况的信息系统，并将实际数与预算数相比较，借以评价各部门的工作实绩，发现偏差及时纠正，强化会计控制。

（三）增强企业风险意识，强化风险管理

在现代社会中，企业的外部环境和市场供求变化莫测，特别是国内外政治经济形势、用户需求和竞争对手等情况，对企业来说都是难以控制的因素。因而企业应重视风险，增强风险意识，分析风险性质，制定风险对策，减少和分散风险的冲击。为此，企业在经营活动中应注意以下几个方面：

（1）在筹资决策上应慎重分析比较，选择最适合的筹资方式，以避免企业陷入债务危机。如果财务杠杆率过高、借入资金过多，一旦投资利润率下降、利息负担过重，就会威胁企业财务的安全。因此，企业要加强销售客户的信用调查，合理确定赊销额度，避免呆账损失。

（2）对风险的信号进行监测。企业不仅要对未来的风险进行分析，还要对风险的信号进行监测。如果企业出现一些不正常情况，如存货激增、销量下降、成本上升等，则要密切关注这些反常情况，及时向企业有关部门反映，以便采取措施，防止严重后果的出现。

（3）制定切实可行的风险对策，防止风险、分散风险，把风险损失降到最小。

（四）建立健全资金管理体系，挖掘内部资金潜力

（1）企业要实行资金管理责任制，抓好内部财务制度建设。企业在财务收支上要实施严格的财务监控制度，强化内部约束机制，合理安排资金调度，确保重点项目资金需求，提高资金使用效益。

（2）企业要挖掘内部资金潜力，狠抓货款回笼，调整库存结构，压缩存货资金占用，增强企业支付能力，提高企业信誉。

（3）企业要建立自补资金积累机制，防止费用超支现象。企业按税后利润提取的盈余公积金，可用于补充流动资金。企业要合理制定税后利润分配政策，促进企业自我流动发展。

（五）强化企业成本管理，完善目标成本责任制

目前部分企业存在成本管理薄弱、费用支出控制不严等问题。为此，提高财务部门对成本的控制水平、搞好成本决策和控制、提高资金营运效益、确保出资者的资金不断增值就显得尤为关键。具体来说，要做到以下几点：

（1）企业要树立成本意识，划分成本责任中心，明确各部门的成本目标和责任，并与职工个人利益挂钩，提高企业成本竞争能力。

（2）企业要实行全过程的成本控制，包括事前、事中、事后的成本管理，要通过研究市场变化，调整成本管理重点，把降低成本建立在科技进步的基础上。

（3）企业要建立严格的内部成本控制制度和牵制制度，切实加强生产经营各环节的成本管理，建立成本报表和分析信息反馈系统，及时反馈成本管理中存在的问题。

（4）企业要建立以财务为中心的成本考核体系，拓宽成本考核范围，变目前的定额成本法为目标成本核算法。企业不但要考核产品制造成本、质量成本、责任成本，还应考核产品的售前成本及售后的后续成本。

（六）强化内部监控职能，加强财务基础建设

（1）企业要强化对企业法人代表的管理，真正贯彻责、权、利相结合的原则，约束其行为。对企业主要负责人应加强任期审计和离任前审计，防止其违反财经政策，损害投资者和债权人利益。

（2）企业要调整财务部门的组织结构，形成会计实务系统和会计管理系统两大部分。财务部门要监督企业已发生的经济业务是否合理合法，是否符合企业各项内部管理制度。

（3）企业要建立快捷灵敏的企业信息网络。企业应逐步建立起以会计数据处理为核心、与销售和财务报表分析等信息系统相连接的信息网络，及时反馈企业生产经营活动的各项信息，发现问题及时处理。

第二节　企业财务管理创新

随着经济的发展和时代的进步，我国企业的规模不断扩大、数量不断增加，企业财务管理创新的工作越来越受到重视。为了使企业能够正常运转进而提高经济效益，财务管理工作必须做好。因此，现代企业必须进行财务管理创新，以适应时代发展的潮流。财务管理创新非常重要，如果做得好，将会给企业带来很多积极影响，促进企业的发展。本节就现代企业的财务管理创新问题进行探讨，旨在为企业发展提供参考。

一、企业财务管理创新的含义

企业财务管理创新是指企业在原有的财务管理基础上实行新的突破，把

量的积累转化为质的蜕变，是企业财务管理的一种新的方法。随着外界环境因素以及企业内部因素的变化，原有的企业财务管理模式已经不能适应新的形势，所以企业财务管理创新势在必行。这是一种行之有效的财务管理方法，没有被企业采用过，相当于给企业注入了新的血液，疏通了企业内部的财务管理状况，能够促进企业的发展，提高经济效益。一旦企业财务管理的目标发生变化，财务管理也应随之创新，否则将不能适应新的形势。

随着经济全球化的推进，我国企业正面临着全新的机遇与挑战。企业的发展与财务管理创新的关系十分密切。传统的企业财务管理模式显然已经不适应新的发展形势，所以企业如果不进行财务管理创新，将不会有大的发展，甚至会面临破产，走到尽头。企业要全力探究与社会主义市场经济体制相适应的企业财务管理模式，进行财务管理创新。企业可以把财务管理的各个要素进行新的排列组合，从而实现企业的资本优化和结构更新。

二、企业财务管理创新的原因

一是社会经济的发展需要企业进行财务管理创新。随着社会经济的发展和人民生活水平的提高，人们的物质需求和精神需求都在不断地增长。因此，企业财务管理也要跟上时代发展的脚步。传统的企业财务管理模式已经不能适应新的发展状况，如果企业希望有良好的发展前景，就必须顺应时代进行创新，不能固守原有的管理模式，这样不仅不利于企业的发展，还很可能会被时代所淘汰。

二是发展社会主义市场经济需要企业进行财务管理创新。社会主义市场经济不同于计划经济，它适应我国当前的发展状况，非常灵活。在社会主义市场经济体制下，企业管理模式也要更新，尤其是企业财务管理模式。只有适应经济体制的发展，才能实现企业更好的发展，提高企业的经济效益。

三是科技革命和管理革命需要企业进行财务管理创新。未来的企业必须注重科技和管理，企业竞争既是科技的竞争也是管理的竞争。新的技术和新的产品正在不断地被企业开发和利用，以提高企业的经济效益。企业的管理模式也在不断地创新，旧的管理模式分崩离析，新型管理模式正在确立。企业财务管理要不断发展和创新，与企业的技术创新和管理创新相适应，否则将会阻碍企业的发展。

四是随着经济发展新时代的到来，不确定的因素越来越多，企业的内部状况越来越复杂，需要企业进行财务管理的创新。企业所处的时代环境并不是一成不变的，相反，时代在不断地变化，不断地发展和进步。有些企业会制订计划，但是没有考虑到计划可能跟不上变化。企业处于多变的时代，更需要企业增强应变能力，进行企业财务管理创新。财务管理是企业的灵魂，只有那些注重企业财务管理创新的企业，才能更好地应对企业内部和外部的变化，走上健康发展的道路。

三、企业财务管理创新的原则

（一）注重实用性

对于企业而言，企业财务管理创新必须立足于企业当前的发展状况，必须有一个实用的目标，不能盲目地进行创新，忽略财务管理创新对企业的影响，创新方法要行之有效。因此，企业应该注重以下几个方面：

（1）在进行财务管理创新之前，要先对新的管理内容进行测试，如果效果良好则进行推广，否则要对原有的计划进行调整。

（2）不要过分地关注企业财务管理创新理论，要更注重其实际应用。有效的管理方法在实际应用中有良好的效果，所以企业财务管理创新的重点不是理论研究，而是实际应用。

（3）不要过分依赖原有的财务计划体系。原有的财务计划体系已不能适应时代发展的需要，要注重企业财务管理创新的实用性，即企业财务管理体系要灵活，要不断给企业注入新鲜的血液。

（4）企业财务管理创新要全面，不要以项目的大小而定。聚沙成塔、集腋成裘，企业的辉煌离不开每一个小的项目的成功。所以，在进行企业财务管理创新的过程中，在注重各个重大项目的同时，也不能忽视小的项目。

（二）广泛积极参与

企业财务管理创新并不仅仅是财务部门的事情。企业的发展关系到企业的各个部门以及每个员工，如果没有广泛的参与，企业财务管理创新就无法进行。广泛参与要求企业各个部门的员工进行密切的接触和交流，这既有利于企业财务管理创新的开展，又有利于后续工作的进行。只有员工有较高的参与度，才能使企业财务管理创新的效率更高。除此之外，还要求员工有较高的积极性。参与企业财务管理创新的员工都应该积极行动起来，要充分认识企业财务管理创新的必要性，克服守旧的思想。企业领导者要对企业财务管理创新的相关人员进行鼓励，激发其参与企业财务管理创新的积极性。

四、企业财务管理创新路径

（一）财务管理观念的创新

1.要树立融资观念

传统的财务管理模式是固有资本的发展和延续，以自由资金为核心。市场经济下的企业，竞争成败的关键已不再仅仅是自主理财，而是资本的运营、培育和扩张。因此，企业在财务管理中应树立"融资第一"的新观念，优化资源结构，顺应知识经济发展的要求。

2.要树立以人为本的管理观念

人是企业生产经营过程的主人，企业的每一项活动均由人来发起、操作和控制，其成效也主要取决于人以及人的努力。企业应充分发挥人的智慧和创新在现代社会中的核心作用，企业财务管理应把对人的激励和约束机制放在首位，建立权、责、利相结合的财务运行机制，充分挖掘和发挥人的潜能。

3.要树立信息理财观念

在市场经济中，一切经济活动都必须以准、新、优、快的信息为导向，信息成为市场经济活动的重要媒介。以数字化为先导，以信息高速公路为主要内容的新技术革命，使信息的传播处理和反馈的速度大大提升，从而使交易、决策可在瞬间完成，经济活动的空间变小，出现媒体空间即网上实体。这就要求财务管理人员必须牢固树立信息理财观念，进行财务决策和资金运筹。

4.要树立风险理财观念

由于信息传播、处理、反馈以及知识更新速度的提升，企业财务风险将会逐步增大。因此，财务人员应树立风险理财观念，充分考虑各种不确定因素，采取多种防范措施，尽可能降低企业的风险损失。

（二）财务管理目标的创新

目前，中外学术界普遍认为，现代企业财务管理的目标是股东财富最大化（它比"利润最大化"这一财务管理目标前进了一大步）。然而，这一管理目标适用于物质资本占主导地位的工业经济时代，在市场经济高速发展的今天，企业不仅要保证股东利益，而且要保证其他相关利益主体的利益和社会利益。随着经济的发展，资本的范围有了一定程度的扩展，资本结构被改变。在新的资本结构中，物质资本与知识资本的地位发生重大变化，即物质资本的地位相对下降，而知识资本的地位相对上升。这一重大变化决定了企业财务管理目标的转变。相关利益主体，如股东、债权人、员工、顾客等都向企业投入了专用性资本，都对企业资本剩余做出了贡献，因而也都享有企业的资本剩余。在这样的背景下，企业的利益是所有参与签约的各方的共同利益，而不仅仅是股东的利益。

另外，企业财务管理的目标还应包括企业应承担的社会责任。企业履行社会责任，如维护社会公众利益、保持生态平衡、防止环境污染、支持社区事业发展等，既有利于实现其经营目标，也有利于在社会大众中树立其良好的形象。

（三）财务管理模式的创新

随着高新技术的迅速发展和互联网络的普及，传统的财务管理方式已不再适应市场经济快速发展的需要，财务管理正逐渐向网络财务管理转变，网络财务管理的优势——计算机软件系统和财务核算及管理的完善统一越发明显。在网络财务管理模式下，距离已不再是管理上的难题，财务的远程掌控，资金流、物流的网上审批，会计报表的远程传输都可以通过财务指令在线上进行。广大财务人员还可以在线查询各种财税法规，了解财务信息及发展动态。网络财务管理模式的出现，极大地提高了财务管理能力，扩大了财务的核算管理范围，缩短了空间距离，也提高了财务人员的工作效率和企业的市场竞争能力。

（四）财务管理方法的创新

风险是影响财务管理目标实现的重要因素。在市场经济高速发展的今天，企业资本经营不可避免地呈现出高风险性，这主要表现在：一是开发知识资产的不确定性，会增加投资开发风险。二是企业内部财务结构和金融市场的变化使财务风险更为复杂。例如，人力资本产权的特殊使用寿命、知识资产摊销方法的选择会使现有资本结构不稳定，技术资本流失、被替代或超过保护期等会导致企业的损失。三是作为知识资本重要构成要素的企业信誉、经营关系等的变化，使企业名誉风险突出。因此，企业必须运用现代管理手段加强风险管理，确定风险管理目标，建立风险的计量、分析、报告和监控系统，以便采取恰当的风险管理方法，合理规避风险。

（五）财务管理内容的创新

现代企业制度下出资人的资本管理可分为出资所有者进行的资本管理和企业管理者进行的资本管理，由于管理目标存在差异，因此要求企业创新管理内容。

1.筹资管理

传统企业财务管理的筹资管理主要是财务资本的筹集，知识经济扩大了企业资本的范围，财务管理不仅要关注"筹资"，更要关心"筹知"，包括从什么渠道用什么方式取得知识资本、如何降低知识资本的取得成本、如何优化财务资本与知识资本之间的结构等方面的内容。

2.投资管理

首先，投资管理的重点应从有形资产转向知识资产。为适应知识经济的发展，企业财务管理的重点要逐步转移到无形资产及人力资产的管理上来。企业财务管理应充分利用企业的知识资本，合理估计无形资产带来的收益，合理估算人力资源的投入价值和收益。其次，应加强风险投资管理。随着知识经济的发展，以高新技术产业为内容的风险投资在资金投资总额中的比重日趋上升。同时，由于高新技术产业的高风险性，风险投资和风险管理在财务管理中的地位进一步提高。为此，企业要加强投资项目的可行性分析，并改进无形资产价值补偿方式，以控制投资风险。

3.成本管理

首先，规模个性化生产使成本管理的重心逐渐从生产制造成本转移到产品研制成本，如何用好各种资源，使知识转化为独特的策略、构思，进而形成各种新设计、新工艺、新产品，成了企业必须解决的问题。其次，成本的控制管理方法也由传统的制造成本管理向作业成本管理转化。企业应充分利用信息反馈系统、网络经营等一系列新技术，在满足消费者需求的前提下尽可能降低成本，提高盈利水平。

（六）财务资金管理创新

企业发展的加速度来源于创新，这种创新既包括技术上的创新，也包括生产组合方式的创新。实现资金管理创新就是要实现金融创新，产融结合，使金融向产业渗透，企业向金融资本靠拢，双方通过控股、参股或其他形式结成命运共同体，进行长期合作。通过产融结合获得额外价值是企业进行金融创新的重要方式。企业财务管理的核心是资金，资金管理的好坏直接关系到企业管理的好坏，影响企业效益的高低。企业在设置资金管理的组织结构时，要重点考虑流程化组织与资金控制的关系、网络组织与资金集约管理的关系、ERP 集成与资金管理的关系，使资金的保存和运用达到最优状态。

第三章　企业财务管理与金融市场

第一节　金融市场与金融工具

筹资与投资是企业财务管理的两大基本内容，它们都离不开金融市场。金融市场是资金供需双方通过某种方式进行资金交易的场所和机制。金融市场是企业财务管理活动外部环境的重要组成部分，其发达程度、金融机构的组织体制及运作方式、金融工具的丰富程度、金融市场参与者对风险的态度及报酬的要求都会对企业财务管理产生重大影响。

一、金融市场

金融市场是指以金融资产为交易对象，以金融资产的供给方和需求方为交易主体形成的交易机制及其关系的总和。它不仅是进行金融资产交易的场所，还反映了金融资产的供给者与需求者之间的供求关系，揭示了资金的归集与传递过程。金融市场包含金融资产交易过程中所产生的各种运行机制，其中最主要的是价格机制。

金融市场可根据不同的标准分类，常见的种类如下：

（一）有形市场和无形市场

金融市场按形态不同可分为有形市场和无形市场。有形市场是交易者集中在有固定地点和交易设施的场所内进行交易的市场。无形市场是交易者分散在不同地点（机构）或采用通信手段进行交易的市场。在证券交易电子化之前的证券交易所就是典型的有形市场，但目前世界上所有的证券交易所都采用了数字化交易系统，因此有形市场渐渐被无形市场所替代。场外交易市场、全球外汇市场和电子化的证券交易所都属于无形市场。

（二）货币市场和资本市场

金融市场按金融工具的期限不同可分为货币市场和资本市场。货币市场是融通短期资金的市场，期限一般短于1年，包括同业拆借市场、回购协议市场、商业票据市场、银行承兑汇票市场、短期政府债券市场、大面额可转让存单市场。资本市场是融通长期资金的市场，期限都在1年以上，多为3～5年，有的在10年以上甚至更长，包括中长期银行信贷市场和证券市场。中长期信贷市场是金融机构与工商企业之间的贷款市场，证券市场是通过证券的发行与交易进行融资的市场，包括债券市场、股票市场、保险市场、融资租赁市场等。

（三）发行市场和交易市场

金融市场按交易类型不同可分为发行市场和交易市场。发行市场是资金需求者将金融资产首次出售给公众时所形成的交易市场，又称为初级市场或一级市场。交易市场是对已发行的有价证券进行买卖交易的场所，又称二级市场，可以使资金从一个投资者手中转移到另一个投资者手中。交易市场为发行市场上的投资者提供了有效的退出通道，使投资者敢于在发行市场购买金融资产。这两个市场相互依存、相互制约。发行市场所提供的证券及其发行的种类、数量与方式决定着交易市场上流通证券的规模、结构与速度；交易市场上的证券供求状况与价格水平等又将有力地影响初级市场上证券的发行。

二、金融工具

金融工具是资金融通交易的载体，是金融交易者在金融市场上买卖的对象。金融工具按与实际信用的关系可分为基础金融工具和衍生金融工具两类。

（一）基础金融工具

基础金融工具又称为原生金融工具或非衍生金融工具，是指在实际信用活动中出具的能证明债权债务关系或所有权关系的合法凭证，主要包括商业票据、债券等债权债务凭证和股票、基金等所有权凭证。

（二）衍生金融工具

衍生金融工具又称派生金融工具、金融衍生品等，是由原生金融工具派生出来的，主要有期货、期权、远期、互换合约四种衍生工具以及由此变化、组合、再衍生出来的一些变形体。原生金融工具是金融市场上最广泛使用的工具，是衍生金融工具赖以生存的基础。

为适应经济的发展，市场上不断创新出新的金融工具，金融服务范围也一再拓展。这样的变革为企业筹资、投资提供了极大的便利，但同时也派生出利率风险、汇率风险、表外风险等新的风险，使金融风险进一步加大。合理地利用金融工具，在适合的金融市场有效地融资并规避风险，成为企业财务管理面临的重要课题之一。

第二节　金融市场对企业财务管理的影响

在新形势下，金融市场是现代企业资金流通的关键渠道。在金融市场，企业之间在遵守国家法律法规的基础上进行资金交易，保证企业融资、票据办理等业务的顺利运行。金融市场在现代企业财务管理中的作用不可替代。现代企业在开展财务管理的过程中必须考虑市场因素，保证财务管理的合理性。

随着社会的快速发展，金融市场不断变化，现代企业的财务管理模式也在不断调整，因此企业的发展模式也必须进行适当的调整。现代企业财务的主要模式就是资金运行，但是传统的资金运行模式已经无法满足现代企业发展的实际需求。企业经营和发展的前提就是资金不断增长，资金成为企业经营和发展的基础，企业会引进一些先进的设备来提高生产效率，进而提高企业的经济效益。企业的经营模式包括四种：一是资金流动；二是采买；三是投资；四是控股。现代企业财务管理部门的主要职责就是提高资金的利用率，保证资金利用的合理性，避免出现资金浪费的情况。如今，现代企业的运营和发展必须建立在金融市场的基础上，要时刻关注金融市场的变动，对金融市场的变动进行研究分析，并形成书面报告，为现代企业财务管理提供数据依据和支持。现代企业财务管理的目标必须和现代企业的发展目标相一致，推动现代企业的发展。

一、金融市场对现代企业筹资过程的影响

金融市场既然是现代企业资金流通中不可或缺的渠道，各个企业就需要在原有的发展模式下开展现代企业融资和证券交易。金融市场实际上也是资

金交易市场，交易的对象就是有价值的商品或者产品。金融市场交易的构成要素有三个：一是交易对象；二是交易方式；三是交易渠道。金融市场是各个企业资金交易的中介，可以把现代企业的资金交易活动全部纳入金融市场体系中。金融市场在现代企业运营中的作用就是保证企业资金的纵向流通，使资金能够真正流向有需求的企业，降低企业的运营风险，减少企业的资金投入。现代企业交易的特点是方便、快捷、高效，缩短了资金交易的周期。在新形势下，现代企业需要结合金融市场的变动情况制订财务管理方案，调整内部财务管理体系和结构，把企业的负债率控制在合理的范围内。在企业发展的过程中，降低企业的负债率可以减少企业的资金投入，给企业带来更多的收益。如果现代企业的负债率比较高，其运营风险就会比较高，企业就可能偏离既定的发展目标。现代企业要在金融市场变动的前提下合理地调整内部负债与权益，降低负债率给企业运营带来的影响。

二、金融市场对现代企业投资过程的影响

相比于传统的企业财务管理，现代企业财务管理具有一定的属性，这也是现代企业财务管理的进步之处。在金融市场环境下，现代企业可以利用内部基金等来展开资金投入，提高经济效益。金融市场的快速发展也使得现代企业的资金投入不再受时间和空间的限制，更加自由。

金融市场对现代企业资金投入起到引导的作用。在现代企业开展资金投入的过程中，很多因素会影响企业的资金投入，主要因素有以下几个：一是利息率；二是通货膨胀率；三是汇率资金。企业内部对资金投入的主要影响因素有以下几个：一是新兴技术；二是资金投入比例。对此，要想降低现代企业的资金投入风险，就必须坚持多元化投资原则，降低企业的投资风险。资金投入多元化也符合现代企业的发展需求，可以丰富现代企业的财务管理模式。多元化财务管理模式是把企业的某个分支作为管理的重点和主体，并

对外展开投资活动。多元化投资方式比较适合资金额比较大的企业。多元化投资必须建立在用户的实际需求上，而且要结合用户的实际需求开展生产活动，有针对性地进行投资。在金融市场环境下，分配权是现代企业的关键属性，也是现代企业所特有的属性。企业可以把现有的资金转换成股权的形式，拥有企业股权就可以成为现代企业的拥有者，而且股权是可以转让的。如果企业的现有资金无法维持企业的运营，企业就可以转变股权，获取更多的资金，维持企业的运营，为企业生产活动提供资金保障。

第三节 金融市场环境下企业财务管理改革

一、我国金融市场现状

从国内金融市场发展现状来看，我国现代企业的数量不断增多，现代企业所发行的证券数量也在不断增多，这在一定程度上缓解了金融市场投资难的状况，也增加了现代企业的投资途径，减轻了国内银行的压力，为企业发展提供了资金支持，有利于企业的发展。近几年，金融市场一直在不断调整。但是，金融危机对金融市场的影响非常大，金融市场必须加大调整力度、快速发展。金融市场的调整主要在以下两个方面：一是金融产品；二是金融手段。创业板是金融市场发展的新形势，扩大了市场经济发展规模。证券行业的快速发展也促进了国家经济的发展，提高了资金的利用率，丰富了现代企业的业务形式，解决了现代企业发展中现存的问题，降低了企业的投资风险。

我国金融市场正处于发展的初级阶段，具有金融市场特有的属性。我国对金融市场的约束力度比较小，金融市场发展中依旧存在很多问题，金融市场的调节能力被削减，这增加了企业的运营风险，不利于企业后期的发展。

二、金融市场环境下现代企业财务管理改革对策

（一）健全现代企业财务管理制度

目前，我国金融市场比较复杂，现代企业要想实现财务管理目标，就必须健全财务管理制度，为企业财务管理工作的开展提供依据和保障。需要注意的是，现代企业财务管理制度的建立不是盲目的，必须结合金融市场现状，建立适合企业的财务管理制度。随着国内金融市场空间的不断扩大，金融市场为现代企业搭建了更为广阔的资金交易平台，企业只有保证财务管理制度的合理性，才能发挥出财务管理在现代企业发展中的作用。此外，企业必须把运营和投资风险控制在合理的范围内，并对金融市场风险进行评估，做到事先预防、事中控制、事后分析解决。企业必须增强风险防范意识，认识到控制市场风险的重要性。

现代企业财务管理制度不是一成不变的，需要随着金融市场的变化进行调整，这样才能真正发挥作用。

（二）丰富财务管理形式

在金融市场环境下，企业必须改变传统的财务管理理念和模式。企业管理者必须认识到开展财务管理工作的重要性，结合内部实际情况丰富财务管理形式和手段，创新财务管理观念，对原有的财务管理模式进行调整，扩大财务管理的范围。企业财务管理还包括以下内容：一是风险投资，二是保守估计。财务管理部门要为企业管理人员提供投资方案。需要注意的是，企业

投资具有两面性。企业可以通过对外投资来提高经济效益,但是投资是存在风险的。在金融市场环境下,企业投资的风险性也在增强,企业财务管理人员必须采取措施控制投资风险,保证企业的正常运行。

在金融市场环境下,现代企业财务管理对财务管理人员的专业性和综合素质提出了新的要求。首先,企业管理人员必须认识到开展员工培训的重要性,加大人员培训方面的资金投入,为人员培训活动的开展提供资金保障。其次,企业必须丰富财务管理人员的培训形式,优化培训内容,丰富财务管理人员的实践经验,提高财务管理人员接受新事物的能力,进而提高财务管理人员的专业水平和综合素质。最后,企业财务管理人员也要不断学习,不断对自身的工作进行总结,及时发现工作中存在的问题,以便及时做出调整。

现代企业必须加大会计控制力度,保证会计信息的真实性和准确性,保证企业资金的安全性。现代企业财务管理工作必须严格按照国家法律法规开展。现代企业要抓住财务管理的重点和难点,规范财务管理人员的行为。现代企业还要在财务管理人员内部建立并完善奖励机制,对表现优秀的财务管理人员给予一定的物质奖励和精神奖励,激发财务管理人员的工作热情和积极性。

随着社会的快速发展,现代企业的数量不断增多,现代企业的规模也在不断扩大,财务管理是现代企业管理工作的重中之重,企业财务管理的合理性对企业的发展有着至关重要的影响。但是,传统的企业财务管理模式和理念已经无法满足企业发展的需求。在金融市场环境下,现代企业必须明确财务管理目标和方向,结合企业实际情况合理制订财务管理方案,保证财务管理的合理性,发挥财务管理的作用和优势。在开展财务管理工作之前,财务管理人员必须分析金融市场现状,并进行总结分析,降低外部因素对企业财务管理的影响,保证企业财务管理工作的顺利开展,降低企业的投资风险,把投资风险控制在合理的范围内,提高企业的经济效益和社会竞争力,推动企业的发展。企业也必须认识到控制风险的重要性,增强风险意识,保证现代企业的正常运行。

第四节　金融工具在企业财务管理中的应用

在社会经济快速发展过程中，国内金融环境也变得更加复杂多变，为企业发展带来了一定的影响。企业应该积极利用金融工具，保证经济效益的提升。企业也要充分认识金融工具的作用，尤其是在财务管理方面的作用，减少财务方面的问题，从而获得更多的经济利润，满足自身发展的需要。

一、金融工具与财务管理的关系

企业在开展财务管理工作的过程中，应该以整体目标为基础，为融资和筹资创造良好条件，促使经营资金更好地流动，更好地对利润进行分配和管理。财务管理工作开展得好坏，对企业的发展来说至关重要，财务管理人员必须充分把握财务制度与规范，严格执行会计准则，加大对企业各项财务活动的管理力度，保证经济效益目标的实现。企业的财务管理工作保证了财务工作的正常进行，也有利于理顺财务关系。金融工具其实是一种交易方式，在进入金融市场以后，可以将其当作金融资金进行买卖，能起到对债务债权关系的明确作用，在货币资金交易证明后，促进资金与资产的转让。但所用的金融工具不一样，也可能会产生各种不同的金融风险问题。在我国经济发展过程中，随着经济发展需求和环境的变化，金融工具也在不断地创新，金融工具种类趋于多样化，不断满足企业的经营发展需要。企业在运用合适的金融工具情况下，可以提升风险抵抗能力，获得更多的投资盈利机会，进一步拓展金融市场。

二、在企业财务管理中应用金融工具的风险

（一）市场风险

市场风险是由市场中利率、汇率和股票价格波动等引发的风险问题，包括利率风险、汇率风险、股票价格风险和商品价格风险等。在金融市场中，如果税收政策、利率等出现改变，就可能导致衍生金融工具损失。当前市场风险一般难以预测，影响因素也比较多，容易引起衍生金融工具损失。

（二）信用风险

信用风险也称违约风险，一般指交易过程中因交易当事人不愿意或没有能力履行合同而导致违约并使合同参与方遭受损失的风险。信用风险可能造成衍生金融工具实际形成的收益与预计收益产生差异。从宏观经济角度来说，进入经济繁荣期以后，受到经济市场的影响，衍生金融市场信用风险很低；但是在经济衰退期，由于受到经济低迷的环境影响，企业在盈利上受到了限制，也让金融市场出现了很多信用风险问题。

（三）流动性风险

流动性风险是指金融市场参与者无法以合理成本及时获得充足资金，以偿付到期债务、履行其他支付义务和满足正常业务开展的资金需求的风险，通常被分为融资流动性风险和资产流动性风险。流动性风险有可能引起较大的损失，甚至导致企业资金链的断裂，其影响因素包括金融工具市场交易规则、市场环境变化等。对衍生金融工具的市场交易来说，合约中的某一方由于现金流的不足和临时性资金的不足，不能履行合约、契约义务，将引起经济损失风险。

（四）法律法规风险

随着我国金融市场的飞速发展，相关法律法规也在不断完善。但是金融市场变化较快，法律法规一定程度上不能完全适应金融市场的变化速度，导致部分风险问题难以真正规避。

三、在企业财务管理中应用金融工具的策略

（一）完善金融市场法律法规，注重法律建设

现阶段金融市场相关法律较多，如《金融机构衍生产品交易业务管理暂行办法》等。随着金融市场的不断发展，金融期货合约、金融远期合约以及期权合约等应用越来越多，但是金融法规还有待完善。基于此，相关部门应该充分认识到当前出现的风险问题，积极借鉴国外先进的做法与成功的经验，制定完善的金融市场法律法规。要结合会计准则相关要求，建立更加健全的金融工具结算制度，处理好财务监督与财务稽查的关系，让金融工具交易风险问题得到有效规避，确保金融环境得到有效改善。

（二）优化企业风险管理流程，完善内部制度

第一，在传统会计报表编报上做出转变。企业应该坚持适用性原则，结合会计准则相关规定，在会计报表编报上进行创新，让金融资产的划分更加合理，以利于企业财务管理业务顺利开展。

第二，注重对衍生金融工具的风险披露。企业应该坚持谨慎性原则，从现行会计准则出发，加大对金融工具风险的控制力度，保证风险披露的科学性与合理性。由于金融市场存在虚拟性、复杂性和杠杆性等特点，容易出现风险，因此企业应提高对金融工具风险披露的重视程度，将衍生金融工具风险管控工作做到位。

第三，不断对内控制度进行完善。企业要确保内控措施更加有效，并达到既定的要求，在内部环境、风险评估、控制活动、信息沟通和内部监督等方面进行分析，保证不相容职务相分离，让企业治理结构风险得到有力控制，达到有效规避风险的目的。

（三）强化企业运用金融工具的能力

第一，扩大金融工具应用范围。在经济全球化进程中，我国金融工具的应用范围也要进一步拓展。企业在进入资本市场的过程中，应该注重对金融工具的创新。企业通过在生产经营中应用各种金融工具，可以实现资金运营效率的大幅度提升，使资源配置更加科学与合理。

第二，金融工具也是一把双刃剑，有着风险与收益并存的特点。金融工具在企业中的应用，可以有效降低成本，提升风险控制效果，也容易出现一些不可抗拒的风险。企业管理者需要从企业的实际发展情况出发，对金融工具的利弊做出理性与正确的分析，有效消除风险，积极总结经验，达到趋利避害的目的。

第三，完善金融工具内部管理制度。金融工具本身就存在风险，企业需要在内部管理制度上进行完善，安排专人负责监管，更好地发挥金融工具的作用，在提升风险防范能力的同时，也让资金安全得到可靠保障。此外，企业要定期对数据进行分析与处理，及时了解市场的发展变化，有针对性地对决策做出调整。

（四）提升财务管理人员素质与能力

在金融工具的发展与应用过程中，我国对金融市场专业人才的要求也变得更加严格。部分企业的财务管理人员对金融产品的认知不到位，未掌握金融工具的风险控制与管理方法。尤其是对衍生金融市场产品来说，风险问题比较多，财务管理人员若不能及时、全面掌握市场情况，就很难针对风险问题采取有效的规避措施。因此，企业应该重视培训教育工作，使财务管理人员提升能力，更好地执行会计准则，掌握更多金融工具方面的知识。此外，企业也要建立更加健全的风险控制系统，真正将金融工具在财务管理中的作用体现出来。

总之，企业在财务管理过程中应该将金融工具的作用发挥出来，有效应对各种金融风险，从而获得更大的经济效益。

第四章 金融体系

第一节 金融体系的构成

金融体系是一个经济体中资金流动的基本框架，是资金流动的工具（金融资产）、市场参与者（中介机构）和交易方式（市场）等各金融要素构成的综合体。同时，由于金融活动具有很强的外部性，在一定程度上可以视为准公共产品，因此政府的管制框架也是金融体系中一个密不可分的组成部分。

世界各国有不同的金融体系，很难用一个相对统一的模式进行概括。从直观上看，发达国家金融制度之间一个较为显著的区别体现在金融市场与金融中介的重要性上。这里有两个特例：一个是德国，几家大银行起支配作用，金融市场作用不明显；另一个是美国，金融市场作用很大，而银行的集中程度很低。在这两个极端之间是其他一些国家，如日本、法国实行的是以银行为主的体制，加拿大与英国的金融市场比德国发达，但是银行部门的集中程度高于美国。

从一般性意义上看，一个金融体系包括以下几个相互关联的组成部分：第一，金融部门（包括各种金融机构、市场，它们为经济中的非金融部门提供金融服务）；第二，融资模式与公司治理（包括居民、企业、政府的融资行为以及基本融资工具，协调公司参与者各方利益的组织框架）；第三，监管体制。

金融体系不是这些部分的简单相加，不同金融体系之间的区别不仅是其构成部分的差别，而且包括其相互关系、协调关系的不同。

一、现代金融体系的构成

金融体系包括金融调控体系、金融企业体系（组织体系）、金融监管体系、金融市场体系、金融环境体系等五个方面。

（一）金融调控体系

金融调控体系既是国家宏观调控体系的组成部分，包括货币政策与财政政策的配合、币值稳定和总量平衡的保持、传导机制的健全、统计监测工作、调控水平的提高等；也是金融宏观调控机制，包括利率市场化、利率形成机制、汇率形成机制、资本项目可兑换、支付清算系统、金融市场（货币、资本、保险）的有机结合等。

（二）金融企业体系

金融企业体系既包括商业银行、证券公司、保险公司、信托投资公司等现代金融企业，也包括中央银行、国有商业银行上市，政策性银行、金融资产管理公司、中小金融机构的重组改革，各种所有制金融企业、农村信用社的发展等。

（三）金融监管体系

金融监管体系（金融监管体制）包括健全金融风险监控、预警和处置机制，实行市场退出制度，增强监管信息透明度，接受社会监督，处理好监管与支持金融创新的关系，建立监管协调机制等。

（四）金融市场体系

金融市场体系（资本市场）包括扩大直接融资，建立多层次资本市场体系，完善资本市场结构，丰富资本市场产品，推进风险投资和创业板市场建设，拓展债券市场，扩大公司债券发行规模，发展机构投资者，完善交易、登记和结算体系，稳步发展期货市场。

（五）金融环境体系

金融环境体系包括建立健全现代产权制度、完善公司法人治理结构、建设全国统一市场、建立健全社会信用体系、转变政府经济管理职能、深化投资体制改革。

由于现实中不同国家的金融制度差异较大，因此很多研究认为世界上存在着不同的金融体系：一是以英国和美国为代表的市场主导型金融体系，二是以法国、德国和日本为代表的银行主导型金融体系。

二、我国金融体系的构成

我国的金融体系主要由中央银行、金融监管机构、国家外汇管理局、国有重点金融机构监事会、政策性金融机构、商业性金融机构等构成。

（一）中央银行

中国人民银行是我国的中央银行，1948年12月1日成立。中国人民银行在国务院领导下，制定和执行货币政策，防范和化解金融风险，维护金融稳定，提供金融服务，加强外汇管理，支持地方经济发展。《中华人民共和国中国人民银行法》第四条规定了中国人民银行具体职责：发布与履行其职责有关的命令和规章；依法制定和执行货币政策；发行人民币，管理人民币流通；监督管理银行间同业拆借市场和银行间债券市场；实施外汇管理，监督管理银行间外汇市场；监督管理黄金市场；持有、管理、经营国家外汇储备、黄金储备；经理国库；维护支付、清算系统的正常运行；指导、部署金融业反洗钱工作，负责反洗钱的资金监测；负责金融业的统计、调查、分析和预测；作为国家的中央银行，从事有关的国际金融活动；国务院规定的其他职责。

（二）金融监管机构

金融监管机构是根据法律规定对国家的金融体系进行监督管理的机构，其职责包括：按照规定监督管理金融市场；发布有关金融监督管理和业务的命令和规章；监督管理金融机构的合法合规运作；等等。中国的金融监管机构包括中国人民银行、国家金融监督管理总局、中国证券监督管理委员会。国家金融监督管理总局是国务院直属机构。中国证券监督管理委员会简称中国证监会，依照法律、法规和国务院授权，统一监督管理全国证券期货市场，维护证券期货市场秩序，保证其合法运行。

（三）国家外汇管理局

国家外汇管理局组建于1979年3月，是中国人民银行管理的国家局，是依法进行外汇管理的行政机构。

（四）国有重点金融机构监事会

国有重点金融机构监事会由国务院派出，对国务院负责，代表国家对国有重点金融机构的资产质量及国有资产的保值增值状况实施监督。

（五）政策性金融机构

政策性金融机构由政府发起并出资成立，是为贯彻和配合政府特定的经济政策和意图而进行融资和信用活动的机构。我国的政策性金融机构包括三家政策性银行：国家开发银行、中国进出口银行和中国农业发展银行。政策性银行不以营利为目的，其业务的开展受国家经济政策的约束并接受中国人民银行的业务指导。

（六）商业性金融机构

我国的商业性金融机构包括银行业金融机构、证券机构和保险机构三大类。

1.银行业金融机构

银行业金融机构包括商业银行、信用合作机构和非银行金融机构。商业银行是指以吸收存款、发放贷款和从事中间业务为主的营利性机构，主要包括国有商业银行（中国工商银行、中国农业银行、中国银行、中国建设银行等）、股份制商业银行（中信银行、中国光大银行、华夏银行、中国民生银行、广发银行、招商银行、兴业银行、上海浦东发展银行、恒丰银行等）、城市商业银行、农村商业银行以及外资银行和中外合资银行。信用合作机构包括城市信用社及农村信用社。非银行金融机构主要包括金融资产管理公司、信托投资公司、财务公司、租赁公司等。

2.证券机构

证券机构是指为证券市场参与者（如融资者、投资者）提供中介服务的机构，包括证券公司、证券交易所、证券登记结算公司、证券投资咨询公司、基金管理公司等。这里所说的证券主要是指经政府有关部门批准发行和流通的股票、债券、投资基金、存托凭证等有价凭证，通过证券这种载体形式进行直接融资可以达到投资和融资的有机结合，也可以有效节约融资费用。

3.保险机构

保险机构是指专门经营保险业务的机构，包括国有保险公司、股份制保险公司和在华从事保险业务的外资保险分公司及中外合资保险公司。

第二节 金融体系的基本功能及必备能力

一、金融体系的基本功能

（一）清算和支付功能

在经济货币化日益加深的情况下，建立一个有效的适应性强的交易和支付系统乃基本需要。可靠的交易和支付系统应是金融系统的基础设施，若缺乏这一系统，则高昂的交易成本必然与低效率的经济活动相伴。一个有效的支付系统对于社会交易是一种必要的条件。发达的交换系统，可以降低社会交易成本，促进社会专业化的发展，这是社会化大生产发展的必要条件，可以大大提高生产效率和技术水平。所以说，现代支付系统与现代经济增长是相伴而生的。

（二）融资功能

金融体系的融通资金功能包含两层含义：动员储蓄和提供流动性手段。金融市场和银行中介可以有效地动员全社会的储蓄资源或改进金融资源的配置，使初始投入的有效技术得以迅速地转化为生产力。在促进更有效地利用投资机会的同时，金融中介也可以向社会储蓄者提供相对高的回报。金融中介动员储蓄的最主要的优势在于：①可以分散个别投资项目的风险；②可以为投资者提供相对较高的回报（相对于耐用消费品等实物资产）。金融系统动员储蓄可以为分散的社会资源提供一种聚集功能，从而发挥资源的规模效应。金融系统提供的流动性服务，有效地解决了长期投资的资本来源问题，为长期项目投资和企业股权融资提供了可能，同时为技术进步和风险投资创造出资金供给的渠道。

（三）股权细化功能

这一功能是指金融体系可以将无法分割的大型投资项目划分为小额股份投资，以便中小投资者能够参与这些大型项目进行的投资。通过股权细化功能，金融体系实现了对经理的监视和对公司的控制。在现代市场经济中，公司组织发生了深刻的变化——股权高度分散化和公司经营职业化。这样的组织安排最大的困难在于非对称信息的存在，使投资者难以对资本运用进行有效的监督。金融系统的功能在于提供一种新的机制，就是通过外部放款人的作用对公司进行严格的监督，从而使内部投资人的利益得以保护。

（四）资源配置功能

为投资筹集充足的资源是经济增长的必要条件。但投资效率即资源的配置效率对经济增长同样重要。对投资的配置有其自身的困难，即生产率风险、项目回报的信息不完、对经营者实际能力的不可知等。这些内在的困难要求建立一个金融中介机构。在现代不确定的社会，单个的投资者是很难对公司、经理、市场条件进行评估的。金融系统的优势在于为投资者提供中介服务，并提供一种与投资者共担风险的机制，使社会资本的投资配置更有效率。中介性金融机构提供的投资服务包括：①分散风险；②流动性风险管理；③项目评估。

（五）风险管理功能

金融体系的风险管理功能要求金融体系为中长期资本投资的不确定性即风险进行交易和定价，形成风险共担的机制。由于存在交易成本和信息不对称的情况，金融系统和金融机构的作用就是对风险进行交易、分散和转移。如果社会风险不能找到一种交易、转移和抵补的机制，社会经济的运行就不可能顺利。

（六）激励功能

在经济运行中，激励问题之所以存在，不仅是因为相互交往的经济个体的目标或利益不一致，而且是因为各经济个体的目标或利益的实现受到其他个体行为或其所掌握的信息的影响，即影响某经济个体的利益的因素并不全部在该主体的控制之下，比如现代企业中所有权和控制权的分离就产生了激励问题。解决激励问题的方法很多，具体方法受到经济体制和经济环境的影响。金融体系所提供的解决激励问题的方法是股票或者股票期权。通过让企业的管理者以及员工持有股票或者股票期权，可以使企业的效益影响管理者以及员工的利益，从而使管理者和员工尽力提高企业的效益，他们的行为不再与所有者的利益相悖，这样就解决了委托代理问题。

（七）信息提供功能

金融体系的信息提供功能意味着在金融市场上，不仅投资者可以获取各种投资品种的价格以及影响这些价格的因素的信息，筹资者也能获取不同的融资方式的成本的信息，同时管理部门能够获取金融交易是否在正常进行、各种规则是否得到遵守的信息，从而使金融体系的不同参与者都能做出各自的决策。

二、金融体系必备能力

（一）稳定能力

一个稳定的金融系统才具有竞争力，才能应对各种潜在威胁，化解金融风险，保障金融安全，才能保持货币稳定，没有过度通货膨胀或通缩、过度扭曲性融资安排和过度金融泡沫，因此金融体系应该具备稳定能力。金融体系不稳定的代价是非常严重的：第一，定价体系的紊乱会扰乱实体经济领域的交易秩序，破坏正常的生产活动；第二，社会信用会受到影响，融资活动难以正常进行，从而影响投资以及经济的增长；第三，不稳定的金融体系使人们产生不确定的预期，极易导致具有巨大破坏力的集体行动，对正常的经济活动产生强大的冲击力。因此，金融保持自身的稳定对整体经济的稳定意义重大。金融稳定要求定价体系能够正常运转，币值、利率、汇率、股价等价格指标保持稳定；要求具备危机预警指标体系和识别、转移、控制、分散风险的机制，能够应对各种意料之外的突发事件的冲击，化解风险，解除危机；要求具有约束微观金融机构进入金融市场、开展各项经营活动的规章制度及保证它们能够被遵守的机制；要求建立对金融体系进行宏观监管的机构、监管规则和监管手段。

（二）适应能力

金融体系是在特定的经济环境中实现其各项功能的，金融体系必须适应其赖以存在的经济环境。同时，经济环境处在不断的变化之中，金融体系也必须同步变化，即应该具备适应能力和创新能力。金融体系的适应能力即国家的金融发展应该放在强调金融体系基本功能正常发挥的制度建设和协调发展上，而不是脱离金融体系的基本功能，看重市场外部结构的发展和规模的扩充。忽视金融功能谈金融发展有可能造成金融资源的严重浪费。另外，金融体系的活动存在外部性。偏重某一金融功能的发挥，有时可能会放大它的负面效应。比如为了增强金融体系的价格发现功能，市场的整合与利率和汇率的市场化是必要的，但是这些做法会增加市场风险，如果金融体系的风险防范和分散功能还不到位，那么这种不平衡的发展就会导致宏观经济的不稳定，最终会反过来遏制金融体系的价格发现功能的正常发挥。一个能保证金融发展和实体经济之间良性互动关系的金融体系，绝对不是单纯地在规模和数量上追求最好的投融资制度和金融工具的集合，而应该是能够平衡好各种利益冲突、效果冲突，在此基础上有效地发挥金融体系七大基本功能，从而推动实体经济持续稳定增长的一种优化的动态体系。

（三）经营能力

金融体系必须通过自身的经营活动实现其各项功能，除了初期必需的投入，它不能依赖政府或任何个人、组织的连续不断的资金投入，这样的金融体系才能够长期存在并不断发展，即金融体系必须具有经营能力。金融机构的经营能力是指金融机构利用经济资源实现经营目标的能力。经济主体的多元性导致了经营目标的多元化，经营绩效是多元化目标的综合反映，是经营能力大小的反映。金融机构通过向社会提供负债工具、信贷资产使用权、股票、债券等金融服务或者工具来达到经营目的。金融机构必须依靠自身的能力来履行其各项职能，而不能依靠不断的外部资源投入，因而经营能力是金融机构得以生存的必要条件，是它能够不断发展的基础。

（四）配置能力

为了发挥在时空上为实现经济资源转移提供渠道的功能和融通资金和股权细化功能，金融体系必须能够对金融资产进行定价，能够将非流动性资产变成流动性资产，并且能够将资产进行最优的配置，因此金融体系必须具有配置能力。金融资源配置效率是指市场以最低交易成本为资金需求者提供金融资源的能力，换句话说，是将有限的金融资源配置到效益最好的企业和行业的能力。金融中介的资金配置作用主要来自金融中介的信息优势。在政府主导型的融资制度下，银行与企业从理论上说应关系密切，特别是日本、韩国等国的银行制度的建立，对银行和企业之间的信息流通是非常有利的，银行可以充分利用信息优势选择好的项目并对项目的履行进行有效监督，实现较高的资金配置效率。提高资金配置效率，除了可以通过利用金融中介的信息优势来实现，还可以通过合同安排降低资金配置所需信息量来实现。信息不对称所引起的逆向选择和道德风险是影响资金配置效率的主要因素。提高企业自有资金比例或增加抵押、担保，可以减少甚至消除逆向选择和道德风险，从而减少甚至取消银行提供贷款时对信息的需求，即信息与自有资金、抵押、担保之间存在着互补关系。金融体系通过银行、证券、保险等多种渠道将资金从储蓄领域高效地引至投资领域，并发挥金融系统的监督功能，促使资金在实体经济领域良性循环，实现资源的优化配置。

（五）传导能力

各国都将金融体系作为对经济进行宏观调控、传导政策意图的途径，金融体系必须具有传导能力，才能实现这种用途。金融体系是政府影响实体经济部门、促进经济增长的重要渠道。它之所以天然地能够承担起这一传导政策意图的职能，是因为它与经济部门有着千丝万缕的联系，并且具有操作方便、容易测量、能够控制等特点。

政策措施通过金融体系的传导一般需要经过以下三个层次：第一层是货币政策对金融体系影响的传导链；第二层是金融体系对实体经济部门影响的传导链；第三层是实体经济的各部门对经济增长的贡献。金融体系传导政策意图的能力可以通过传导的及时性、完整性、准确性来加以衡量。政府的政策措施只有被及时传导才会产生良好效果，否则这种政策措施在变化后的环境中发挥的作用可能会适得其反。完整性是指政府的所有政策意图都要能够被传导至经济活动中，而不能遗漏其中的一些内容，否则可能达不到预期的政策效果。准确性是指依照政策制定者所设计的方式来加以传导，从而使得这些政策能够按照政策制定者预期的方式发挥作用。

（六）流动能力

由于金融体系的作用，资源可以充分地流动。资源的充分流动对经济运行的好处是显而易见的，它使得处于闲置状态的资源能被投入运用，使得运用效率低的资源流向更有效率的用途。金融体系的流动能力具有两个方面的含义：一是将固定的、不流动的资产变为流动资产的能力；二是使流动性资产在不同投资者之间流转的能力。如何衡量金融体系的流动性呢？一是当全部有效资金供应都流向了需求方，全部有效需求都得到了满足，不存在闲置资金，也不存在未满足的有效资金需求时，货币资金的供求就达到了最佳的均衡状态。二是配置在各种用途上的资源的边际价值达到均等，使资源配置处于最佳状态。

（七）定价能力

市场经济遵循等价交换的原则，金融市场上的交易也不例外。金融交易中的定价不仅要考虑金融产品的内在价值，而且要考虑其风险价值。在金融市场上，金融产品的价格可以通过公开竞价的方式形成。通过这种竞价过程，金融市场能够在迅速平衡金融产品的供给和需求的同时，确定金融产品统一的市场价格。基于此，金融市场才能够有效地指导增量金融资源的积累与存量资源的调整。因此，金融体系对金融资产准确定价是配置资源和消化风险的前提。

（八）创新能力

金融体系是在特定的经济环境中存在并发挥作用的，没有也不可能存在能够脱离经济环境而独立存在的金融体系。由于社会分工的不断深化、国际经济联系的进一步加强、技术手段和知识在经济发展中得到越来越多的应用，市场交易的方式日益增多，现代经济环境变得越来越复杂。与此相应的，现代经济中所蕴藏的风险也越来越复杂。因此，在经济中发挥枢纽作用的金融体系必须具有随经济环境变化而变化的能力，只有如此它才能够正常行使其所承担的各项职能，才能满足经济发展对金融体系提出的各项要求。金融体系的创新与经济环境的变迁是互动的。一个僵化的金融体系只会使经济运行受到阻碍，从而制约经济的进一步发展。

（九）信息能力

金融体系传导信息的功能特别重要，正是由于金融体系发挥了这一功能，市场才真正被连接到一起。与单个投资者对代理人所管理的企业的独立监督相比，投资者联合起来组成联盟，由联盟派出代表进行监督的成本更低。这个联盟可以是金融中介，也可以是金融市场。金融中介在监督企业方面存在比较优势，而金融市场在信息获取和汇总方面存在比较优势。金融市场特别是股票市场的一个重要功能就是信息的及时快速传播。股票市场上的交易价格是快速变动且公开的，而作为有效市场，股票价格包含大量的公司信息，加上股票市场的信息披露，使得股票市场成为信息相对完全传播较快的市场。尽管如此，股票市场信息仍然可能是不完全的，因而存在套利机会。那些通过非公开渠道获得公司信息的投资者，能够在信息广泛传播之前通过证券买卖获得利润。

第三节 金融体系的影响因素

一、交易成本和信息不对称

对金融体系产生影响的因素中，交易成本和信息不对称起着非常重要的作用。金融体系的几大功能都与这两个因素有关。

（一）交易成本

交易成本指金融交易中所花费的时间和金钱，是影响金融体系功能效率的主要因素。对个人来说，发放贷款的交易成本是非常高的。为了保护自己的资金，在发放贷款前需要调查项目、调查借款人的信用水平，聘请专门的法律人员设计完备的借款合同等。高额交易成本的存在成为资金在借贷双方流动的阻碍。银行等金融中介机构在解决这个问题上存在较大的优势。它们具有规模经济效应，因此可以节约交易成本。金融中介从个人和企业聚集资金，再将其贷放出去。由于形成了规模经济，金融中介可以减少交易成本。

（二）信息不对称

信息不对称在交易之前会造成逆向选择问题，在交易之后会导致道德风险问题。要想在贷款市场上尽量减少逆向选择问题，贷款者就要从不良贷款的风险中识别好的项目。道德风险的存在降低了还款的可能性，使贷款者的预期收益降低，从而降低了他们提供贷款的愿望。股东和经理人之间也存在这个问题。股东期望公司实现利润的最大化，从而增加其所有者权益。而实际上，经理人的目标常常与股东的目标有所偏差。由于公司的股东人数众多且比较分散，无法对经理人进行有效的监控，经理人掌握私人信息，股东无法避免经理人隐藏信息，实施对自己有利而对股东不利的行为。

金融中介在解决信息不对称带来的道德风险和逆向选择时，也显示出了自身的优势。由于其在生产公司信息方面是专家，因此在某种程度上可以分辨信贷风险的高低。银行等金融中介从存款者那里获得资金，再将其贷给好的公司，这就保证了银行的收益。在贷款发放以后，银行代表存款者对项目进行监督。一旦银行与企业签订长期贷款合同，那么其对企业的监督成本要比直接去企业监督的成本低。金融中介机构的作用是"代理监督"，可以在一定程度上解决债务人和债权人之间的委托-代理问题。当然，银行并不能完全解决信息不对称所带来的问题。银行掌握信息的优势是相对于存款者来说的，而借款者拥有的有关自身情况、项目性质等的信息是最多的。因此，银行也常常面临道德风险和逆向选择问题，银行的不良资产就说明了这一点。

证券市场，特别是股票市场的相关制度安排与机制会降低代理成本，部分克服存在于资本分配中的道德风险和逆向选择。而且，股票市场的发展也有利于对公司的控制。所有者会将公司在股票市场上的表现与经理人员的报酬结合起来，从而有效地将经理人员与所有者的利益联系起来。同时，流动性使金融资产的交易成本和不确定性降低。一些高回报的项目要求长期资本投资，但储蓄者不可能将其储蓄押在长期投资上。因此，如果金融体系不能增强长期投资的流动性，长期项目的投资就会不足。

由此可见，利用银行融资和利用资本市场融资的主要差别集中在解决交易成本以及信息不对称所带来的道德风险、逆向选择问题上。银行在降低交易成本方面比证券市场更有优势；在信息不对称的条件下，银行解决委托-代理问题的能力也强于证券市场。这也正好可以解释为什么人们一度认为银行导向型金融体系比市场导向型金融体系更有利于经济的发展。然而，近年来，市场导向型金融体系国家，特别是美国出现了持续的经济高涨，而银行导向型金融体系国家相对而言竞争力明显减弱。不仅如此，银行导向型金融体系国家还在大力发展市场机制，出现了向市场导向型金融体系融合的趋势。其中，技术进步所起的作用是不容忽视的。

二、技术进步

（一）技术进步带来的变化

20世纪70年代以来，国际金融市场最显著的三个变化是：资产证券化、网上交易和金融市场国际化。计算机技术的进步是这些变化的重要物质基础。

1.资产证券化

资产证券化是将非流动性金融资产转变为可交易的资本市场工具。由计算机记录，金融机构发现可以将多种形式的债务组合绑在一起，集合利息和本金，再将其卖给第三方。资产证券化开始于20世纪70年代。计算机技术使得金融机构可以为市场的特殊需求量身定做有价证券，集合抵押债务就是例子。计算机化使集合抵押债务可以划分为几级，根据不同的风险等级获取不同的收益。

2.网上交易

计算机技术是网上交易的关键。网上交易可以使大宗的股票及其他有价证券买卖通过网络进行，大大节省了交易成本。同时，它还打破了参与交易者在地理上的局限性，使得交易者无论身处何地都可以即时参与交易。虽然网络安全问题仍然存在，但证券市场的网上交易与其他类型的电子商务一样都被认为是有着广阔前景的发展方向。

3.金融市场国际化

计算机技术和先进的电子通信技术是金融市场国际化的重要动力。技术的进步使得交易者可以在全球传递股票价格和即时信息，不受市场营业时间的限制，国际交流的低成本使对外投资更为容易了。

（二）技术进步对金融体系的影响

上述变化使金融体系也相应发生了改变，包括以下几个方面：

1.债务市场规模更大，越来越多的债务工具用于交易

信息技术的进步降低了金融市场中的信息不对称程度，减轻了逆向选择和道德风险问题，使得不透明的资产变成了信息充分的有价证券，交易成本也下降了。交易成本的下降增加了这类债务的供给并增强了它们的流动性。因此，债务市场发展起来。这类债务已经不仅仅以银行贷款的形式出现了，它通常作为新兴的金融产品在证券市场上进行交易，如抵押担保债务证券等。

2.衍生品市场发展起来，企业交易的市场风险成本降低

衍生品市场在20世纪70年代出现；20世纪80年代，柜台交易衍生品市场迅速发展。它们是应供求两方面的需要而出现的。20世纪70年代，宏观经济动荡，与此相关的汇率和利率也不稳定，这就要求企业更好地管理系统风险。在供给方面，金融理论的发展使得金融机构可以以较低的成本在市场上运作，特别是金融工程学为资本定价和风险管理提供了理论依据。

3.支付体系向电子体系发展，减少了家庭将其财富投资于银行存款的需求

过去，大量的零售支付由支票来完成。如今，自动取款机（automated teller machine, ATM）的应用范围越来越大。这种技术在20世纪70年代就已经出现，

在 1988 年到 1998 年之间，ATM 的数量翻了一番，交易额增加了两倍。同时，信用卡和借记卡的应用在 20 世纪 90 年代也迅速发展起来。

技术进步对金融体系的影响是通过对交易成本和信息不对称问题的解决而实现的。它对交易成本的影响在于：计算机的出现以及便宜的数据传输导致了交易成本的锐减。通过增加交易的数量，以及让金融机构以低成本提供新的产品和服务，提高金融体系的效率。计算机和通信技术可以合称信息技术。信息技术对金融市场信息对称产生了深远的影响。投资者可以更容易地识别不良贷款的风险或去监督企业，从而减少逆向选择和道德风险的问题。发行可交易证券的障碍减少，从而鼓励了发行。由此导致的必然结果是人们对银行的依赖程度降低，银行在金融体系中的重要性被削弱。与此同时，证券市场相对于银行的劣势在很大程度上也得到了弥补，而且其在流动性上的优势得以发挥，其重要性也日益凸显。由此，银行主导型金融体系表现出向市场主导型融合的趋势。

第四节　互联网金融风险治理体系

当前，全球正经历新一轮科技革命与产业变革，互联网与经济社会的深度融合已成为时代潮流。在技术进步与金融发展的双重驱动下，我国互联网金融在呈现快速发展态势的同时，也暴露出一些亟待解决的问题。对此，必须充分认识到，互联网没有改变金融功能属性和风险属性，互联网和金融的融合发展必须遵循经济活动的基本规律，坚守不发生系统性和区域性金融风险的底线。2016 年 4 月 19 日，习近平在网络安全和信息化工作座谈会上提及互联网金融风险案件时强调："在发展新技术新业务时，必须警惕风险蔓延。"时任国务院总理李克强在 2016 年明确提出要"规范发展互联网金融"。因此，构建行之有效的互联网金融风险治理体系，促进互联网金融行业规范健康发展，是当前金融深化改革亟待深入研究并加快实施的重大议题。

一、构建互联网金融风险治理体系的重要意义

金融业是一个与财富打交道的特殊行业，同时也是一个充满诱惑的行业，风险与生俱来、无处不在，防范风险是金融业的永恒主题。在互联网时代，尤其是移动互联网的条件下，这个主题不但不会改变，而且更具挑战性。构建互联网金融风险治理体系具有重要的战略和现实意义。

构建互联网金融风险治理体系是推进国家金融治理体系和治理能力现代化的应有之义。金融是现代经济的核心，是资源配置的枢纽。推进国家金融治理体系和治理能力现代化，是全面深化改革，推进国家治理体系和治理能力现代化的重要举措。近年来，大数据、云计算、移动互联等网络信息技术不断取得突破，促进了互联网与金融快速融合，为现代金融体系注入了新活力，为金融业转型升级增加了新动力，同时也对国家金融治理体系和治理能力提出了新挑战。作为一项新生事物，互联网金融还有许多需要探索的领域和内容，但究其本质，它还是金融，其活动没有脱离资金融通、信用创造、风险管理的范畴，没有违背风险与收益相匹配的客观规律，也没有改变金融风险隐蔽性、突发性、传染性和负外部性的特征。不仅如此，现代网络空间的多维开放性和多向互动性，使得互联网金融风险的波及面、扩散速度、外溢效应等影响都远超传统金融。从当前我国互联网金融领域反映出来的情况看，某些业态偏离了正确的创新方向，风险事件接连发生，使整个行业的形象和消费者信心受到了较大影响。互联网金融风险治理客观上已成为当前金融业改革发展和国家金融治理体系的一个薄弱环节。加快构建互联网金融风险治理体系，有助于减弱金融风险与技术风险的叠加效应，引导互联网金融走入"依法合规、趋利避害、风险可控、规范发展"的良性轨道。

构建互联网金融风险治理体系是遵循金融业发展规律的客观要求。纵观世界金融发展史，由于金融内生的脆弱性和外部规制的滞后性等原因，每一轮重大金融创新在诞生之初都伴随着风险的快速积累甚至引致金融危机的过程。比如，纸币取代了金属货币，扩大了通货膨胀范围；股票交易的出现，催生了资产泡沫的形成；21世纪初，欧美资产证券化领域的过度创新和风险管理滞后以及所隐藏的道德危机引发了国际金融危机。从金融业"抑制—创新—风险—规制"的动态循环演进可以看出，风险治理与金融创新并不矛盾，两者之间必须适度均衡。互联网金融在现代业务模式、服务理念、技术产品等方面的创新，为金融体系的市场化、普惠化发展带来了新鲜元素，展现了巨大的市场空间和发展潜力，但这并不意味着互联网金融发展可以没有边界、创新可以没有规则、业务可以没有规矩。加快构建互联网金融风险治理体系，有助于明确业务边界和创新规则，将符合客观规律和实际需求的创新和违背客观规律的创新、合理合规的创新和脱离理性的创新、立足服务实体的创新和脱实向虚的创新区分开来。

构建互联网金融风险治理体系是维护人民群众切身利益的现实需要。随着改革开放以来我国经济的平稳较快发展，社会财富不断积累，居民资产多元化配置的需求日益强烈、持续增加。近年来，网络借贷、网络资管等新兴业态凭借其互联网平台效应和集聚效应，快速成为公众投资理财的重要渠道。然而，在当前我国经济下行压力较大，去产能、去杠杆等结构性调整持续深入，实体企业生产经营困难增多的形势下，互联网金融面临的宏观经济形势和经营环境更加复杂多变。部分动机不纯的从业机构利用互联网的虚拟性、涉众性和跨地域性特点从事非法集资活动，网络借贷、网络资管等成为非法集资甚至诈骗活动的高发领域和风险点；一些运作不规范、风控措施安排薄弱的互联网金融产品甚至出现兑付问题，卷款跑路事件时有发生。为此，加快构建互联网金融风险治理体系，有助于打击互联网金融领域违法违规活动，扭转风险事件频发、劣币驱逐良币的行业乱象，使互联网金融在规范中谋求更好的发展，切实维护广大人民群众切身利益。

二、构建互联网金融风险治理体系的基本原则

构建互联网金融风险治理体系，应按照推进国家金融治理体系和治理能力现代化的总体方向，凝聚政府、市场、社会等多方行动力量，准确把握互联网金融风险实质与特征，完善互联网金融各项政策措施和体制机制，实现各环节、各领域风险全覆盖，促进行业规范有序发展。

（一）明确分类，精准发力

互联网金融风险复杂性、多样性、交叉性特征较为明显，从宏观、微观各个层面对各类风险进行准确定性是构建风险治理体系的重要前提。为此，要对信用风险、流动性风险、合规风险、操作风险等传统金融风险在互联网金融不同业态中的具体表现和内在成因进行系统梳理。对具有相同属性和风险实质的金融业务，要依据其行为或功能，统一监管规则、业务标准和风控要求。例如，针对信用风险，要明确准入标准和经营准则；针对流动性风险，要建立流动性监测体系和风险应急预案，提出审慎监管要求；针对合规风险，要明确法律法规，统一业务行为边界；针对操作风险，要完善业务权限管理和操作指引。要深入研究互联网与金融结合所带来的长尾风险、技术风险、信息安全风险、网络安全风险等新生风险的特点，采取投资者适当性、信息披露、产品登记等针对性措施予以防范与化解。同时，要建立工作机制，密切跟踪互联网金融创新行为，评估其风险特征，及时对相关监管规则、行业标准和政策措施进行适应性调整。

（二）综合施策，全面覆盖

互联网金融业态众多、模式各异、创新速度快，通过采取多元化、综合化措施，实现对互联网金融各环节、各领域风险全覆盖是构建风险治理体系的基本目标。为此，要针对准入、交易、退出等互联网金融业务各个环节，

将资金流和信息流全面纳入风险监测体系，防止资金和信息脱离监管视野实现"体外循环"；要综合采取信息披露、资金存管、反不正当竞争、信用评级等措施，打好"组合拳"、破解"综合题"，提高风险治理的有效性；要针对部分复杂、跨界业务实施穿透式核查和全流程监管，按照"实质重于形式"的原则，根据业务功能、法律属性、风险实质明确监管规则和风控要求，不留空白和套利空间。

（三）立足当前，重在长效

风险治理体系必须把握好化解当前风险与建立长效机制的关系。一方面，当前构建风险治理体系的核心任务是切实防范和化解当前互联网金融领域存在的风险隐患，扭转某些业态跑偏局面，遏制风险事件频发高发势头。另一方面，构建风险治理体系还要着眼于长远，总结提炼经验，以问题和风险为导向，将长效机制建设贯穿风险治理全过程，着力解决互联网金融领域暴露出的监管体制不适应、自律惩戒机制不到位、行业基础设施薄弱、生态环境不完善等问题。

（四）多方参与，共治共享

互联网金融跨地域性强、涉及面广、参与主体众多，构建风险治理体系是一项复杂的系统工程，要把无形之手和有形之手有机结合，既要坚持发挥市场在资源配置中的决定性作用，通过行业自律和社会监督实现扶优限劣，也要发挥政府作用，通过监管和法律手段及时把害群之马绳之以法。同时，还要把握好中央与地方的关系，要在中央和地方金融监管职责和风险处置责任的总体框架下，明确各领域风险治理的主体责任，强调跨部门、跨地域的协调配合，避免出现治理空白和工作缺位。

第五章 金融创新

第一节 金融创新的含义、理论基础及种类

一、金融创新的含义

金融创新的定义虽然大多源于约瑟夫·熊彼特（Joseph Alois Schumpeter）所提出的经济创新的概念，但各个定义的内涵差异较大，总括起来对金融创新的理解不外乎三个层面：

第一，宏观层面的金融创新将金融创新与金融史上的重大变革等同起来，认为整个金融业的发展史就是一部不断创新的历史，金融业的每项重大发展都离不开金融创新。从这个层面上理解，金融创新有如下特点：金融创新的时间跨度长，将整个货币信用的发展史视为金融创新史，金融发展史上的每一次重大突破都视为金融创新；金融创新涉及的范围相当广泛，不仅包括金融技术的创新、金融市场的创新、金融服务及产品的创新、金融企业组织和管理方式的创新、金融服务业结构上的创新，而且包括现代银行业产生以来有关银行业务、银行支付和清算体系、银行的资产负债管理乃至金融机构、金融市场、金融体系、国际货币制度等方面的历次变革。

第二，中观层面的金融创新是指20世纪50年代末60年代初以后，金融机构特别是银行中介功能的变化，它可以分为技术创新、产品创新以及制度

创新。技术创新是指在制造新产品时，采用新的生产要素或重新组合要素、生产方法、管理系统的过程。产品创新是指产品的供给方生产比传统产品性能更好、质量更优的新产品的过程。制度创新则是指一个系统的形成和功能发生了变化，而使系统效率有所提高的过程。从这个层面上，可将金融创新定义为政府或金融当局和金融机构为适应经济环境的变化和在金融过程中的内部矛盾运动，防止或转移经营风险和降低成本，更好地实现流动性、安全性和营利性目标而逐步改变金融中介功能，创造和组合一个新的高效率的资金营运方式或营运体系的过程。中观层次的金融创新概念不仅把研究的时间限制在60年代以后，而且赋予了研究对象明确的内涵。因此，大多数关于金融创新理论的研究均采用此概念。

第三，微观层面的金融创新仅指金融工具的创新，大致可分为四种类型：信用创新型，如用短期信用来实现中期信用，以及分散投资者独家承担贷款风险的票据发行便利等；风险转移创新型，它包括能在各经济机构之间相互转移金融工具内在风险的各种新工具，如货币互换、利率互换等；增加流动创新型，它包括能使原有的金融工具提高变现能力和增强可转换性的新金融工具，如长期贷款的证券化等；股权创造创新型，它包括使债权变为股权的各种新金融工具，如附有股权认购书的债券等。

我国学者认为，金融创新是指金融内部通过各种要素的重新组合和创造性变革所创造或引进的新事物，并认为金融创新大致可归为三类：①金融制度创新；②金融业务创新；③金融组织创新。

从思维层次上看，"创新"有三层含义：第一，原创性思想的跃进，如第一份期权合约的产生；第二，整合性地将已有观念重新理解和运用，如期货合约的产生；第三，组合性创新，如蝶式期权的产生。

二、金融创新的理论基础

当代金融创新理论起源于 20 世纪 50—60 年代,由约瑟夫·熊彼特首次提出。20 世纪 70 年代以来,金融领域发生了革命性的变化,人们将金融领域的变化称之为金融创新。但是直到 20 世纪 80 年代,金融创新才真正成为金融领域一种引人注目的现象并形成高潮。金融创新理论的兴起与迅猛发展,给各个经济体及世界经济都带来了深远的影响。

(一) 约束诱导型金融创新理论

西尔伯(W. L. Silber)主要从供给角度来探索金融创新。西尔伯研究金融创新是从寻求利润最大化的金融公司创新最积极这个表象开始的,由此归纳出金融创新是微观金融组织为了寻求最大的利润,减轻外部对其产生的金融压制而采取的"自卫"行为。西尔伯认为,金融压制来自两个方面:一是政府的控制管理;二是内部强加的压制。政府管制使金融机构的经营效率降低、机会成本加大。内部强加的压制来自企业自定的规章制度,如资产负债管理制度等。这两个方面的金融压制限制了金融企业的盈利能力。为寻求利润最大化的机会,金融机构必将努力创新和探索新的产品、服务和管理方法等,以弥补压制带来的损失。

(二) 规避型金融创新理论

"金融创新"与"金融管制"是一对矛盾。"金融管制"是金融监管当局为金融体系的安全和稳定而颁布的法规和采取的各种措施,其目的是防止过度竞争。从理论上讲,金融管制是金融创新的障碍,但从金融创新的历史实践看,"金融管制"又是"金融创新"的诱发因素,二者之间存在内在一致性。凯恩(E. J. Kane)就是从这一角度出发提出了规避型金融创新理论。他认为,金融创新主要是由于金融机构为获取利润而回避政府各种金融管制行为引起的。所谓"规避"就是指回避各种规章制度的限制。"规避创新"则是回避各种金融控制和管理的行为。它意味着当外在市场力量和市场机制与机构内在要求相结合回避各种金融控制和规章制度时，就产生了金融创新行为。各种形式的经济立法和规章制度，是保持经济均衡和稳定的基本措施，代表着公众普遍的根本利益。金融机构则以创新产品作为"替代品"来规避和绕过管制。而且，管制与"替代品"创新相互作用，这种互动作用的过程，使被管理者的适应能力增强，金融创新的效率提高。

规避型金融创新理论非常重视外部环境对金融创新的影响。从"规避"本身来说，也许能够说明它是一些金融创新行为的源泉，但是规避型金融创新理论似乎太绝对和抽象化地把规避和创新逻辑地联系在一起，而排除了其他一些因素的作用和影响，其中最重要的是制度因素的推动力。

（三）交易成本创新理论

希克斯（J. R. Hicks）和尼汉斯（J. Niehans）提出的金融创新理论的基本命题是"金融创新的支配因素是降低交易成本"。这个命题包括两层含义：一是降低交易成本是金融创新的首要动机，交易成本的高低决定金融业务和金融工具是否具有实际意义；二是金融创新实质上是对科技进步导致交易成本降低的反映。

该理论认为，金融创新是科学技术进步导致的交易成本降低的结果。交易成本是作用于货币需求的一个重要因素，不同的需求产生对不同类型金融产品的要求，交易成本的高低使经济个体对需求预期发生变化，交易成本降低的发展趋势使货币向更高级形式演变和发展，产生新的交换媒介、新的金融工具。因此，金融创新的支配因素是降低交易成本。科技进步具有不断促进交易成本降低的趋势，并反映在金融创新或者说新的金融工具和金融服务的诞生上。金融制度的创新和组织结构的调整有利于节约金融交易中产生的"无形的交易成本"，而金融交易技术的改善会直接达到降低金融交易成本的效果。

交易成本创新理论把金融创新完全归因于金融微观经济结构变化引起的交易成本下降，是有一定局限性的。因为它忽视了交易成本降低并非完全由科技进步引起，竞争也会使交易成本不断下降，外部经济环境的变化对降低交易成本也有一定的作用。

交易成本创新理论单纯地以交易成本下降来解释金融创新的原因，把问题的内部属性看得过于简单。但是，它仍不失为研究金融创新的一种有效的分析方法。

（四）金融深化理论

美国经济学家肖（Edward S. Shaw）从发展经济学的角度对金融与经济发展的关系进行了开创性的研究。肖提出金融深化理论，要求放松金融管制，实行金融自由化。这与金融创新的要求相适应，因此成为推动金融创新的重要理论依据。

（五）制度学派的金融创新理论

如同把"新金融工具"和"服务开发"称作创新一样，有人把"金融管理制度"本身的变化视为金融创新。制度学派对金融创新的研究较多，以戴维斯（S. Davies）、塞拉（R. Sylla）和诺斯（D. North）等为代表。这种金融创新理论认为，作为经济制度的一个组成部分，金融创新应该是一种与经济制度互相影响、互为因果关系的制度改革。因此，金融体系的任何因制度改革的变动都可视为金融创新。政府部门并非只是设置金融关卡，与民间金融机构一样，政府部门和金融管理当局也有制度创新一类的金融创新行为。政府部门主动进行的制度创新的目的，不是限制或压抑金融活动，而是稳定和发展金融，或是提高金融效率和资金配置效率。金融制度的创新属于宏观层次，它是金融业务、金融市场等微观行为的结果，因为微观层次的创新使原有的金融制度显得过时，成为金融机构和金融市场进一步发展的障碍，金融制度创新不可避免。另外，金融制度的创新为金融业务、金融市场的创新奠定了良好的外部环境。制度创新所引发的金融自由为金融业务、金融市场等方面的创新提供了更广阔、更自由的舞台。

（六）理性预期理论

理性预期学派是从货币学派分离出来的一个经济学流派，最早提出理性预期思想的是美国经济学家穆斯（John Muth）。20世纪70年代初，卢卡斯（Robert Lucas）正式提出了理性预期理论。

理性预期理论的核心命题有两个：①人们在看到现实即将发生变化时倾向于从自身利益出发，做出合理、明智的反应；②那些合理、明智的反应能够使政府的财政政策和货币政策不能取得预期的效果。

（七）财富增长理论

格林（B. Green）和海伍德（J. Haywood）认为财富的增长是决定金融资产和金融创新需求的主要因素。

三、金融创新的种类

金融创新是指金融内部通过各种要素的重新组合和创造性变革所创造或引进的新事物，大致可归为四类：①金融传统业务的创新；②金融市场的创新；③金融工具的创新；④金融制度的创新。

（一）金融传统业务的创新

1.负债业务的创新

第一，商业银行负债业务的创新是对传统业务的改造、新型存款方式的创造与拓展。

第二，商业银行的新型存款账户突出个性化，迎合了市场不同客户的不同需求。

第三，商业银行负债的范围更广。

2.资产业务的创新

20世纪40年代以后，商业银行的资产业务创新不如负债业务创新那么活跃，创新主要表现在贷款业务上，具体表现在以下四个方面：第一，贷款结构的变化；第二，贷款证券化；第三，与市场利率密切联系的贷款形式不断出现；第四，贷款业务表外化。

3.资产负债表外业务创新

商业银行的资产负债表外业务是指商业银行在不涉及账上资产与负债变动的情况下，通过投入一部分人力、物力来改变当期损益、增加收益率的业务活动。其实质就是在不扩大资产与负债的同时只收取手续费和佣金的业务。

（二）金融市场的创新

1.境外金融市场——跨越国界的金融市场创新

境外金融市场又称离岸金融市场、外币存放市场，是指在一国境外进行该国货币的存款、放款、投资、债券发行和买卖业务的市场。由于这种市场起源于欧洲，所以也叫欧洲货币市场。

欧洲货币市场作为创新的市场，具有以下几个特点：第一，摆脱了任何国家政府法规、税制的管制约束，非常自由；第二，突破了国际贸易与国际金融汇集地的限制；第三，是银行间的批发市场，成交金额巨大；第四，存款利率略高于国内金融市场，贷款利率略低于国内金融市场，对资金存款人和借款人都有吸引力；第五，完全是外国投资者和外国筹资者的关系，即非居民与非居民的借贷关系。

2.证券化抵押市场——成功的金融市场创新

20世纪80年代，金融市场的重要创新是证券化抵押市场的形成和发展。证券化在20世纪70年代已经出现，在20世纪80年代得到迅速发展，在抵押贷款证券化的基础上，出现了以抵押贷款为基础发行的证券的二级市场，这一市场称为证券化抵押市场。在美国,这种二级市场以联邦国民抵押贷款协会和联邦住房贷款抵押公司为中心组成,抵押贷款证券化的数量不断增加,二级市场规模不断扩大。英国在20世纪80年代中期也形成了类似的市场。随着银行资产证券化的发展,各种新型抵押债券的发行更使这一市场进一步趋向繁荣。证券化抵押市场由于发行者一般具有实力雄厚、信用级别高、安全性好的特点,收益也较高,对投资者很有吸引力,因而成为成功的金融市场创新。

3.金融衍生市场——生命力最强的金融市场创新

衍生工具最早在商品交易市场引入,金融衍生工具的交易在20世纪20年代也已出现,最早的是由股票交易所引入的股票期权交易。20世纪70年代中后期,债券期货、国库券期货、利率期货、股票指数期货被纷纷推出,一个新型的金融市场——期货市场宣告形成并在全球迅速发展。1973年4月26日,芝加哥期权交易所宣告成立,也标志着另一个重要金融市场——期权市场的诞生。

(三)金融工具的创新

1.风险转移型创新工具

第一,价格风险转移型创新工具。该类工具可以减少资产价格变动的风险,或转移这类风险。20世纪70年代以来,汇率和利率的波动加剧,这类创新工具在金融市场上很受欢迎。这类创新工具主要有:可调整利率抵押、浮动利率抵押、背对背贷款、金融期货及期权、互换及定期利率协议、票据发行便利等。

第二,信用风险转移型创新工具。该类工具可以减少和转移金融资产信用状况因非正常恶化而导致的风险。其大量出现是以20世纪80年代石油供应过剩与债务危机等事件为背景的。由于这些国际事件使许多金融资产的信用状况恶化,引起对这类工具的大量需求。这类创新工具主要有:无追索权的资产销售、贷款互换、证券化的资产、可转让贷款合同、信用证、票据发行便利等。

2.流动性增强型创新工具

这类创新工具的功能是增强金融资产和金融工具的流动性，使本来无法流动的资产变成可转让的资产。这类创新工具除前面提到的证券化的资产、可转让贷款合同、票据发行便利外，还包括闲置余额投资账户及其他先进管理技术、货币市场互助基金及其他可流通的货币市场工具等。

3.引致信用型创新工具

这类创新工具的功能是能帮助使用者增加进入某些信贷市场的机会，从而提高其获得信用的能力。这类工具或利用现有资产获得新的融资能力，或直接提供新的贷款来源，或通过互换间接提供这种来源。这类创新工具主要有零息债券、垃圾债券、股权参与性融资、住宅股权贷款等。

4.引致股权型创新工具

这类创新工具的功能是给予债务性质的资产股权特征。这类创新工具数量较少，典型的工具是债务—股权互换和受托可转换债券。

国际清算银行认为，在众多创新金融工具中，主要的创新金融工具只有四种形式：互换、期权、票据发行便利和远期利率协议。随着时间的推移和实际金融交易活动中各种特殊需要的产生，将会有许多不同的创新形式以及它们与其他金融工具相互组合而成的新的金融工具形式。

（四）金融制度的创新

1.分业经营制度向混业经营制度的转变

在世界各国的银行体系中有两种不同的银行制度，即以德国为代表的"全能银行制"和以美国为代表的"分业银行制"。这主要是由在商业银行业务和投资银行业务的合并与分离问题上的区别导致的。

2.金融机构实行统一管理的制度逐渐形成

由于商业银行具有信用创造的特殊功能，因此世界上的大多数国家都对商业银行实行了比非银行金融机构更为严格的管理制度。例如，对其市场准入的限制、活期存款不得支付利息的限制、存款最高利率的限制、不同存款准备金率的差别限制等。在金融业不断发展的过程中，非银行金融机构正是看准了这一制度的薄弱之处，进行了大胆创新与发展，使非银行金融机构的种类、规模、数量、业务范围与形式等迅速发展。相比之下，商业银行在新的市场竞争中处于明显的劣势。鉴于经济环境、市场条件所发生的巨大变化，各国政府都不同程度地缩小了对两类金融机构在管理上的差别，商业银行与非银行金融机构在市场竞争中的地位趋于平等。

第二节 金融创新的本质及影响

我国当前要推动经济发展方式转型，实现可持续发展，亟须发挥金融在资源配置和生产效率提高中的作用。受我国金融业发展的客观现实制约，推进金融创新是充分发挥金融功能的重要一环。在金融创新中趋利去弊，需要把握金融创新的本质，分析金融创新的基本特征，在总结规律的基础上结合中国的实际需要进行创新，推动我国金融业快速健康发展。

一、金融创新的本质

我国对金融创新的认识主要来源于国外的金融实践和理论创新。国外的金融创新更多地体现为金融系统实践，多样性的金融工具组合和对市场需求的满足是金融创新的主要内容。

从理论上分析，金融创新的本质是一种制度创新。金融制度的创新会受到国家社会制度和传统习俗所形成的思维模式的影响，最终对交易成本形成影响，对国家的金融发展起到促进或抑制作用。因此，金融创新活跃的时代往往是制度创新活跃的时代，金融创新是制度创新的重要内容和组成部分。

从国外金融创新实践和理论发展来看，金融创新的本质是在金融创新实践经验积累和理论认知提升基础上，以满足社会金融需求为导向，在控制适度金融风险的前提下，金融机构通过系统的金融产品创新，借助经营理念和模式的改变来影响经济运营体制机制，营造有利于自身发展的环境，实现自身发展绩效和社会经济效益的提高。

金融创新是金融业自我发展的需要，这主要体现在以下几个方面：

第一，创新是金融的本质属性。金融业能成为现代经济的核心，关键在于能发挥资源配置和效率提升的作用，但随着社会经济结构的变化和国家资源要素禀赋条件的改变，资源配置的模式、方法和思维都需要进行优化。这就要求金融机构必须主动进行创新来满足市场的需要。因此，创新是金融业发展的本质属性，纵观整个金融发展史，每次重大金融创新不仅推动了金融业本身的发展，而且促进了整个社会经济的发展，成为经济发展的助推器。

第二，创新是提升金融机构市场竞争力和盈利水平的重要手段。金融企业作为微观经济主体，以追求利润最大化为目标。面对竞争日益激烈的金融市场，金融机构只有适时推出新产品才能满足社会需要，在激烈的市场竞争中获得先机，大幅度提高盈利水平并增强竞争力。

第三，创新是金融机构获得资金的重要途径。传统的金融业务往往会随着社会经济发展而出现收益边际效率递减的问题，如果不能适时推出新的金融产品，金融机构就难以走出效益和投资人投资意愿下降的困境。只有持续不断地推出满足市场需要的金融产品，通过产品创新提高收益，满足投资者对利润的需求，才能确保金融机构源源不断地获得发展所需资金。

第四，金融创新是思想解放和制度创新的重要组成部分。金融创新可以理解为整个金融行业为适应经济发展需要在理念和业务上进行创新，而金融创新的成功需要政府和社会的支持，这就需要解放思想和制度创新，为金融创新创造良好的社会制度与环境，推动金融深化发展，避免出现金融抑制，在金融监管上兼顾创新与金融系统的安全与稳定，在监管的同时为金融创新保留足够的空间,建立科学的金融监管体制。此外,政府要制定相关的法律法规,为金融创新创造条件和基础,在维护法律权威的同时对已有法律法规进行与时俱进的修订。

二、金融创新的影响

金融创新是在原有服务内容和形式的基础上,利用新的服务理念推出新的服务内容和模式,通过不断地调试,增加金融产品、创新服务模式,提高服务效率,是金融业发展的自我完善。

金融创新的影响主要体现在以下几个方面:

第一,金融创新增强了金融系统适应市场需求的功能,并借助市场的检验进一步完善金融系统服务功能。金融创新的根本目的在于满足市场需求,通过系统性的变革来适应经济社会发展的需要。历史上成功的金融创新都满足了经济社会发展的需要,而失败的金融创新则与经济社会发展需要相脱节。英国近代金融体系的建立,推动了英国的工业革命,成就了其"世界工场"的地位。正如希克斯(John Richard Hicks)所提出的:"工业革命不是技术创新的结果,或至少不是其直接作用的结果,而是金融革命的结果。"如果没有金融创新,英国的工业革命就不得不停下来等候金融革命。金融革命不断为工业革命注入资本燃料和动力。因为拥有充足的原料,英国这艘经济巨轮才能扬帆远航。金融创新本身是一个不断进行自我调节以适应经济社会发展的过程,金融创新的滞后会削弱金融服务经济的能力,超前的金融创新也可能因缺乏对市场风险的防范而出现欲速则不达的后果。因此,创新的效果需要市场来检验。

第二,金融创新为金融机构适时推出异质性金融新产品创造了条件,是增强金融机构的竞争与合作能力的重要途径。早期的金融创新以推出全新的金融产品为主,现代金融创新多以金融产品组合为基本特征。随着经济的发展和市场竞争的日益激烈,金融服务需求呈现出差异化的特征,金融机构提供系统单一的金融产品难以满足市场需求，推出差异化的系列金融产品成为解决问题的关键。20世纪70年代以后，形成了国际金融市场金融产品组合创新的浪潮，金融产品从单一的存款、现金、债券、商业票据演变为多目的、多形式的产品组合。金融产品的创新使金融业内部原有的分工界限变得模糊，商业银行和其他金融机构的业务走向综合化、一体化，仅仅依靠单一金融机构来进行创新已经很难满足市场需要，众多的金融机构进行合作，通过集成创新来满足市场的需要，合作创新成为金融创新的一大特征。因此，金融创新也是增强金融机构竞争与合作能力的重要途径。

第三，金融创新为新技术融入金融业提供了机会，提升了金融业工作的效率与服务水平。人类历史上每一次重大的金融创新，多与技术创新结合。金融创新为技术融入金融业提供了机会，也为金融业开展业务提供了便捷，提升了工作效率。尤其是随着互联网技术的进一步发展，网上银行、电子货币以及第三方交易平台的出现，金融业和技术的结合更加紧密，技术创新成为金融创新的重要推手。

第三节　金融创新体系的基本框架与要素构成

一、金融创新体系的基本框架

金融创新是一个系统工程，涉及诸多要素。如何对繁杂的要素进行梳理，构建出一个相互关联、逻辑严密的系统架构，值得深入思考。近年来，在国内外城市发展过程中，衍生出衡量和评价城市的创新水平和进展的城市创新指数。无论是反映美国硅谷创新能力的硅谷指数，还是反映国内城市发展的杭州创新指数、张江创新指数，都为我们提供了很好的借鉴。结合金融行业的独特特性，参考城市创新指数规则，笔者提出了金融创新体系的基本框架，用来衡量和评价金融企业的创新水平和能力。该体系主要包括六个要素：创新环境、创新主体、创新人才、创新资源、创新成果和创新辐射。其中，创新环境是支撑，创新主体是基础，创新人才是核心，创新资源是保障，创新成果是表现，创新辐射是衍生。这六个要素互为依存、相互支撑，构成了严密的逻辑体系。

二、金融创新体系的要素构成

（一）创新环境：构成了金融创新的金融生态

创新环境的好坏，影响着金融创新的速度。从国内外金融业的发展历程看，每一次重大的革命性的创新突破，无不是政策监管环境放开的产物。同时，金融企业自身的创新环境，构成了创新的内生性力量。

1.外部环境决定金融企业创新的客观意愿

金融企业所处的外部生态环境，是推动金融创新的重要力量。良好的监管环境、法律环境和合作环境，在当前的金融创新中发挥着非常重要的作用。

构建良好监管环境的关键是明确政府部门、监管机构在金融创新中的角色定位。政府应该营造一种鼓励创新的监管环境，即凡法律规定不禁止的领域，都可以鼓励金融企业大胆进行产品创新。

构建良好的法律环境的重点是建立适应区域经济特色的立法、仲裁等环境。在全国统一的金融法律法规框架下，要积极鼓励地方性的创新，形成有利于创新的法律环境。

构建良好的合作环境主要是营造促进金融创新发展的良好合作氛围。金融创新不是一个孤立的事务，需要发挥全社会的力量，以互惠互利、合作共赢为原则，整合内外部资源的综合优势，实现金融行业及各种社会力量之间的共同发展、共赢共生。毕竟金融创新涉及诸多方面，不仅银行、证券、保险、基金等金融企业之间需要合作，金融企业与非金融企业之间也需要合作。因此，要构建良好的合作环境，实现共赢发展。

2.内部环境决定金融企业创新的主观能动性

从内部环境看，金融企业内部是否建立了鼓励金融创新的良好环境对金融创新发挥着至关重要的作用。尤其是金融企业自身的创新战略、创新体制机制、创新文化，基本上决定了金融企业创新的主观能动性。

创新战略是根本。创新战略就是指金融企业的最高决策层自上而下明确的创新战略取向和发展目标。如果一个金融企业没有从战略上明确创新的战略取向和目标，创新就会是无米之炊、无源之水。因此，许多金融企业将创新战略作为其发展的核心战略，制订了自身的创新规划。

创新体制机制是保障。创新体制机制是金融企业为确保创新战略实现而建立的与金融创新相关的体制和机制。创新战略的实施，必须靠体制机制来保障。因此，必须建立起一套适应创新发展的组织架构、运作模式。只有在正确有效的创新机制的支持和推动下，创新活动才能真正实现持续发展。近年来，许多银行成立了业务与产品创新委员会、产品创新部，完善了创新的考核激励评价机制，加快了创新的步伐。

创新文化是灵魂。创新文化是金融企业在内部营造的一种人人参与创新、以创新为荣的创新型企业文化。能否形成鼓励创新、敢于创新的企业文化以及有利于创新活动的思维方式、价值理念和行为规范，决定了创新的久远与否。良好的创新文化，就是让企业的每一个员工都能主动参与创新，为创新出言献策、贡献力量。

（二）创新主体：决定了金融创新的基本内涵

创新是一个大概念，内容广泛、形式多样。对金融企业而言，最具代表意义的是产品创新、服务创新和管理创新。产品是载体、是工具，服务是根本、是促进，管理是基础、是保障，这三者构成了金融创新的主体。

1.*产品创新——提升企业核心竞争力的基础性创新*

产品是金融企业与客户之间联系的纽带。金融企业对客户的服务，最重要的体现就是产品。只有开发出满足客户需要的产品，才能获得客户的青睐，才能在日趋激烈的市场竞争中占据一席之地。因此，必须把产品创新放到非常重要的地位。

产品创新不仅仅要重视原创性，还要注重继承性与整合性。笔者认为，产品创新至少包括以下三种类型：

一是原创性创新，即通常意义上的全新创新，要求新产品的用途及其原理与以往相比有显著的变化。这种创新具有首创性，能够申请专利和版权保护。

二是优化类创新，即现有产品的优化改进型创新，指在产品内涵没有重大变化的情况下，基于市场需要对现有产品所做的功能上的扩展和技术上的改进。这种创新具有继承性，是对现有产品的承继和发展，能够使现有的产品功能更加优化、更加完善、更为适应市场和客户的需求。

三是组合类创新，即组合多个现有产品，形成个性化的产品组合方案，具体指根据客户的个性化需求，通过产品组合、包装的方式为客户提供个性化的解决方案。这种创新是对现有金融产品的包装，能够满足客户日益增加的综合化、多样化和个性化的金融需求。

对产品创新的评价，主要应该看如下指标：

一是产品创新的数量，包括创新产品的总数、创新产品的分类结构等情况。创新产品的总数，表明该企业的产品创新组织能力和推动能力；创新产品的结构情况，表明该企业在不同领域的产品创新领先能力。

二是产品创新的质量，包括创新产品的知识产权认定、产品社会影响力、获奖情况以及风险管理情况。产品通过知识产权认定，表明产品在创新性上得到了专业机构的认可；产品社会影响力好，表明产品得到了老百姓的认可，或者在民生、市政等社会领域具有一定的示范效应；产品获奖，表明产品在创新性、可行性和收益性等方面具有比较优势；产品风险程度低，表明产品满足合规安全等要求。

三是产品创新的收益，包括创新产品带来的规模扩展、质量优化、效益提升。产品创新既可以带来企业业务存量规模和增量规模的扩大，也可以提升经营管理效率和减少风险发生的可能性，还可以提升金融企业的直接效益和间接效益。

2.服务创新——提升客户满意度的必然性创新

服务创新的推进，必须把创新融入金融企业服务相关的诸多要素或流程之中。员工是服务的主体，产品是服务的载体，管理是服务的机体。服务创新，就是将创新融入员工、产品和管理等与服务相关的各种要素中，将新的设想、技术手段转变成新的或者优化的服务方式，使潜在客户能够感受到不同于从前的崭新内容。这反映了金融机构创造、开发、应用新的服务方法、服务途径、服务对象、服务市场的能力。近年来，各金融企业创新推出了一系列的服务措施，无论是网点的服务环境、员工的服务态度、内部的服务承诺，还是服务流程、管理架构、考核评价，都有了质的飞跃，服务战略正逐步深入每一个金融企业员工的思想深处。

服务创新的好与坏，必须以客户、社会等外部力量的评判为准则。服务创新可以通过以下几个指标来衡量：

一是客户满意度。金融企业服务的水准，最重要的评价对象是客户，只有客户满意了，才能说明服务的质量好。从客户看，各种客户服务满意度排名，以及不同企业服务的口碑，都可以作为客户满意度的衡量标准；从企业看，可以通过客户投诉率等指标进行衡量。

二是教育引导度。金融企业对客户的服务，不能仅仅从自身出发只注重营销指标的完成，而应该重视对客户的帮助、培训、教育和引导，使客户尽可能规避各种潜在的风险。教育引导度可以通过金融企业在投资风险方面的客户教育机制实施情况来体现。

三是社会美誉度。监管部门、专业机构等对金融企业服务的评判，同样可以作为服务创新的一个重要标准，如监管部门每年对金融企业的服务排名等。同时，政府机构、企事业客户对金融企业发展的支持力度，也可以作为一个重要参考，如在中小企业发展、民生工程、市政工程等方面是否积极参与。

3.管理创新——提升企业经营管理效率的制度性创新

管理作为企业的生产关系，其制度的好与坏、措施的优与劣，直接影响企业的经营管理效率。

一方面，管理创新直接反映了金融企业的上层建筑适应外部市场变化的能力。从管理创新的内涵看，管理创新反映了金融机构把新的管理要素（如新的管理方法、新的管理手段、新的管理模式等）或要素组合引入企业管理，以更有效地实现组织目标的能力。应该看到，管理上的一点突破，往往会给经营发展带来意想不到效果。对金融企业而言，无论是决策模式、组织架构，还是管理机制、业务流程等，都应该主动适应外部市场情况的变化，适应客户需求的变化，不断进行创新突破，实现二线为一线服务、一线为客户服务，提升企业的管理创新能力。

另一方面，管理创新最重要的是组织架构、运作机制和管理流程的创新。管理创新涉及范围较广，关键是要实现体制的优化和机制的完善，其中最重要的是架构、机制和流程的创新。架构代表了体制，机制实现了运转，流程体现了效率。对管理创新的评价，也主要包括如下四个指标：①是否具备创新的、科学的组织架构；②是否具备创新的管理办法、制度流程；③是否具备创新的考核办法、激励办法；④是否具备创新的后评估机制。这些指标是否完备、优化，决定了管理创新的成效。

（三）创新人才：构成了金融创新的力量源泉

人力资源是第一资源。创新是否具有旺盛的生命力，创新人才是核心。金融创新人才，就是具备创新精神和创造能力，尤其是熟悉国际惯例、具有相当专业水准、具有一定金融业从业经验的经营管理人才。创新人才的培育，必须从队伍建设、机制完善等方面下功夫。

1.建立结构合理、层次分明的创新人才专职队伍

一是管理人才队伍。企业发展需要好的领头羊，具有创新精神、开拓意识的管理人才队伍，是支撑创新的重要力量。应该看到，如果一个企业、一个部门的管理人员有创新意识，他所在的企业或部门必定在创新上非常有活力。创新战略的推动、创新举措的落实、创新文化的塑造，都离不开管理人才的组织和推动。

二是营销人才队伍。营销人才直接面向市场和客户，不仅可以第一时间获取客户的需求信息，而且可以向客户提供其需要的产品和服务。产品创新的出发点和落脚点都是客户。在产品设计阶段，需要由市场一线的人员收集客户需求，设计出客户需要的产品来；在产品推广阶段，创新产品的好与坏，需要市场和客户来检验。这些都需要一支懂营销、善创新的营销人才队伍来实现。

三是产品人才队伍。金融产品的创新需要一支专业化、具有国际视野的产品研发人员做保障，他们要能不断推陈出新，设计出客户需要的产品，还要对现有的产品进行优化、组合，满足客户的个性化、多样化的需要。

2.构建权责清晰、激励有效的创新人才管理机制

一是健全创新人才选拔任用机制，具体包括：制订创新人才发展规划，通过新员工接纳、现有员工再造等多种方式，培养一批创新型人才队伍；完善创新人才的选拔、任用、晋升、淘汰机制，充分发挥优秀人才才能，做到"能者上，劣者下"；建立内部人才的交流机制，使创新人才能够不断得到培养；建立外部人才引进机制，对于有成熟经验的创新型人才，可择优录用。

二是完善创新人才考核评价机制,具体包括:加强对创新人才的考核评价,按照创新发起、创新过程、创新结果等多重维度,既重视过程,也重视结果,实现公平、公正、公开的考核;对产品创新而言,建立跨部门、跨机构的人员考核评价机制,完善项目组考核办法,既能调动项目人员参与项目的积极性,又能保证其所在部门的认可,逐步形成矩阵式的考核评价体系。

三是创新人才激励机制,具体包括:加大创新激励力度,调动创新人才的创新积极性和能动性;开展产品创新评奖活动,对创新性、可行性、效益性好的产品或项目进行评奖;开展产品推广评奖活动,对直接收益和间接收益比较好的产品进行评奖;开展产品创意评奖活动,对好的点子或产品建议,给予一定的奖励。

(四)创新资源:提供了金融创新的物质保障

金融创新的延续,需要一定的资源投入做保障。当然,无论是财务资源、人力资源,还是其他相关资源,都属于资源。这里重点强调与创新相关的软资源和硬资源方面的投入。

1.加大创新软资源投入

创新的软资源,主要指与创新相关的人力、研究和合作等资源投入。一是创新人力资源,主要是指为建设与创新相关的人力资源队伍需要的资源投入,这一投入既包括各类创新人才引进、培养、交流等相关的人员力量投入,也包括与人才相关的工资薪酬、福利激励等人力费用投入,还包括各类奖励活动涉及的奖励费用投入。

二是创新研究资源。金融企业要加大金融创新的前瞻性研究力度,使创新研究投入的费用增长率与经营业绩增长率成正比;重点加强与国内外知名公司、研究机构、院校之间的合作,建立起战略性、前瞻性的金融创新合作平台,真正实现借力发展、创新发展、持续发展。

三是创新合作资源。产品创新不是一个孤立的事务,金融企业需要发挥全社会的力量,以互惠互利、合作共赢为原则,整合内外部资源的综合优势。因此,金融企业需要加大创新合作资源投入,加大与第三方机构的合作力度。在条件允许的情况下,金融企业可成立金融产品创新合作基金,鼓励、促进金融企业与社会资源合作联盟的成立。

2.加大创新硬资源投入

创新的硬资源,主要指与创新密切相关的 IT 资源、设备等投入。一是创新 IT 资源投入。IT 资源投入是金融创新所需的 IT 软硬件开发的投入成本,反映了金融机构对金融创新的投入力度。加强创新的 IT 软硬件资源投入,有利于实现创新的 IT 资源投入增长率与经营业绩增长率成正比。

二是创新其他设备资源投入。在创新活动开展中,可能涉及网点改造、设备购置等相关的费用投入,这些投入应该根据创新需要予以适当考虑。

(五) 创新成果:反映了金融创新的效果体现

金融创新不仅要注重过程,也要注重结果;不能仅凭感觉,而必须由一定的创新成果来体现。创新成果体现在两个方面:一是直接成果,如产品、服务、管理创新所带来的成果;二是综合成果,如金融企业的总体规模、结构、效益等情况,其与直接成果的区别只是表现形式不同而已。

从直接成果看,不同的创新主体具有各自的创新成果体现。创新类型不同,成果的表现形式也有所差异。产品创新重在强调金融企业产品方面的创新成效,主要体现为产品创新的数量、质量和收益情况等;服务创新重在强调金融企业以创新提升服务水准的成效,主要体现为客户满意度、社会美誉度、教育引导度等;而管理创新重在强调金融企业以创新促管理的成效,主要体现为管理架构、制度办法、考核评价等。这些成果的表现形式,主要是就某一创新主体而言的。

从综合成果看,其反映了创新对金融企业整体发展水平提升的影响。创新成果不仅仅是单一创新主体带来的直接成果。事实上,创新更反映了一个金融企业的整体经营发展水平。因此，金融企业的总体经营指标可以作为创新成效的综合反映。一是规模效应指标。通过金融创新，金融企业可以实现规模的提升，包括存款、贷款、中间业务、客户规模、网点规模的提升，其涵盖了存量的提升和增量的拓展。二是结构优化指标。通过金融创新，金融企业可以实现各项结构指标的优化，推进整体的结构调整和转型发展，包括业务结构、客户结构、人员结构、网点分布等方面的调整和优化。三是效益指标。通过金融创新，金融企业可以实现效益的增长，包括经营利润、中间业务收入等方面的提升。

（六）创新辐射：扩大了金融创新的影响范围

如果说成果要素反映了金融创新对企业自身的提升作用，创新辐射要素则反映了创新对外围的辐射能力和扩展能力。只有把金融企业置于一定的参照系中，才能准确地判断其辐射能力。对于金融创新而言，最重要的参照系就是同业和系统。只有在同业中具有示范效应，在系统内具有领先效应，才能真正说明创新是领先的。

同业示范性反映了金融企业的创新在所处外部环境中的影响力。金融企业的创新能力是否在同业中领先，需要用一定的标准来衡量。通常，是否最先研发出客户需要的新产品、是否最先推出满足客户服务的新方法、是否在管理机制上有新的创新举措，都可以作为重要依据。这些可以通过引入同业竞争力比较的方法来实现，评价指标可包括金融企业总体经营业绩在同业中的排名，各项业务品种在同业中的排名，同业首创产品、服务或技术的数量等。

系统领先性反映了金融企业分支机构的创新在本系统内的影响力。金融企业分支机构在本系统内的地位如何，可以以系统领先性来衡量。这种领先性主要体现在产品、服务和管理创新能力是否在本系统中领先，是否具有先发效应等。系统领先性评价指标包括金融企业总体业绩在本行业系统中的排名，各项业务种类在本行业系统中的排名，本行业系统首创产品、服务或技术的数量等。

第四节　金融创新与产业结构转型升级

金融创新与产业结构转型升级之间存在着密切关系。金融创新带来的社会经济增长，可以促使国民收入增加、经济规模持续扩张，进而对产业结构产生影响。此外，金融创新，也在信息技术发展、金融资源配置和社会需求方面得到了体现，其通过间接影响，对产业结构转型升级产生作用。

一、金融创新在产业结构转型升级中的影响

（一）金融创新对消费需求的影响

随着社会经济的增长，人们的投资意识有了很大转变，致使传统消费方式已经无法满足人们的消费需求和理财需求。金融企业为了适应这种社会形势，开始不断开发新型消费种类，在满足人们消费需求的同时，也促进了社会投资意识的发展。在社会现阶段的消费结构中，信用卡和消费贷款等金融产品的推出，刺激了人们的消费意识，减弱了原有消费限制，在促进市场资金流通的同时，改变了原有的居民消费结构。在社会经济的不断发展作用下，我国居民消费需求正朝着多样性、多层次方向发展，金融企业通过推出满足居民消费需求的金融产品，改变了原有社会消费习惯，间接地促进了社会产业结构转型升级。

（二）金融创新对社会资源配置的影响

在金融行业紧随时代发展的不断创新中，社会资金流入回报率较高的产业，回报率低的产业在社会资金分配中逐渐被过滤至市场边缘，我国产业结构资金利用率水平不断提高。通过金融创新，对社会资源分配运行效率进行

提升，并结合其他实体产业，对金融企业运行中的风险进行管理，可以达到对国家产业结构整体进行调整的效果。同时，产业结构的转型升级也是我国金融企业发展和完善的体现，使社会资金配置进一步优化。

二、金融创新促进产业结构转型的具体措施

（一）改革金融体系，促进服务产业转型升级

在我国现阶段的金融产业中，中小型银行发展势头不足，国有商业银行在金融产业中具有压倒性优势，使金融产业整体竞争力不足，不利于促进我国产业结构转型升级。为了实现金融产业的创新，政府需要先对金融行业内的结构进行优化，提升金融服务效率。

在金融产业结构优化的具体实践中，政府需要先对国有银行内部体制进行改革，在提高企业融资效率的基础上，推动中小银行的发展，增加金融产业机构数量，提升金融产业的整体竞争力和市场化水平。此外，政府也要完善保险、证券等非银行金融机构的体制。

（二）创新金融市场，构建多层次的产业结构体系

在促进产业结构转型升级阶段，拓宽企业直接融资渠道、平衡企业发展和融资之间的关系尤其重要。由于银行的融资成本较高，不利于构建多层次产业结构体系，为了拓宽企业融资渠道，加快产业结构的转型，国家可以出台相关政策，鼓励具备上市资格的公司积极上市，打造一批机制健全、市场竞争力较强的上市企业，规范资本服务市场，以建立能满足多种企业融资需求、运作高效的多层次产业结构体系。

新兴产业可以通过股票、债券等融资方式扩大产业规模。政府可以为产业市场内的电子信息、生物医药、新兴服务业等产业提供直接融资的绿色通

道，降低产业筹资成本，鼓励其通过创业板或中小企业板上市，以发挥新型金融市场对产业结构转型与升级的促进作用。

（三）创新金融产品，促进产业结构的升级

金融产品创新不足，会严重制约金融结构的升级，为了实现金融创新对产业结构转型升级的促进作用，政府需要在产业市场内不断探索创新金融要素，运用新型金融工具，加强金融产品的创新，积极鼓励中小企业运用多种新型金融工具进行融资，以促进自身发展。政府可以为外贸企业提供一定的保值避险金融工具，促进外贸企业的发展，丰富产业结构。对于新型创业投资企业，国家应给予一定支持，设立创新投资基金和风险赔偿机制，把创业风险降到最低，并积极探索研究新型金融产品和服务方式，全方位地促进我国产业结构转型升级。

（四）创新金融制度，加强产业结构的监管

在促进产业结构转型、升级过程中，政府要针对金融创新行为制定相应的以技术为导向的金融政策，提高金融企业对社会资金配置的利用效率，运用科学的手段使社会资金流入科技含量高、带动能力强的新兴产业中，从而促进产业结构转型升级。

政府可通过采购或补贴等手段，加强金融相关政策与国家财政政策的相互配合，在产业结构转型升级中增强政府对金融的监管作用，通过一系列的金融创新措施来促进我国产业结构转型升级。

为了证实金融创新在产业结构转型升级中的积极作用，从金融创新对消费需求、社会资源配置的影响等多方面进行分析非常有必要。但是由于金融创新领域进入门槛较高，无法全面发挥金融创新在产业结构中的规模效应和结构效应，因此在我国产业结构转型升级过程中，扩大金融创新规模和改变创新结构，对优化产业结构具有重要现实意义。

第五节　金融创新对企业财务管理的影响及其强化策略

随着我国经济的不断发展，企业已成为我国非常活跃的经济主体，其作为国民经济的主要构成部分之一，以独特的经营模式与灵活的生产模式对经济社会的发展发挥了举足轻重的推动作用，为我国经济发展做出了一定的贡献。对于金融市场而言，无论是国内的或是国际的，金融创新均会持续出现，金融创新已成为竞争的焦点。金融创新不仅有成功的案例，也存在失败的案例，此种状况增添了金融创新的复杂性，金融创新的收益与风险较过去相比变得愈加难以预料。金融创新的复杂多变性为企业的财务管理带来一部分新的变化。我国企业只有把握好财务管理这个重要工作环节，才能使中小企业在激烈的市场竞争中，实现资金的保值、增值，才能长盛不衰。

一、金融创新对企业财务管理的影响

金融创新指企业谋求利润机会，借助重组各项金融要素，创建出新的"生产函数"，实施包含各类支付清算手段、金融工具、金融监管以及组织制度等多方面的创新。金融创新在促进金融发展的同时，也能造成新的金融风险，使原有的金融监管措施和制度丧失功能，增加金融监管的难度。

（一）金融创新给企业财务管理带来新变化

1.金融创新驱使企业实施新的财务管理措施

金融创新改变了过去企业所处的财务或金融环境，企业的财务操作应当予以相应的变化。金融创新会影响企业原有的财务管理流程或形式，新的金融创新产品或工具不仅能够给企业创造新的利益，而且可能给企业带来新的风险。企业应针对金融创新所带来的新问题、新变化探求对策，实施相关业务改造，增加或减少金融业务，合理地组合业务，充分发挥金融创新产品或工具的作用。

2.金融创新驱使企业转变财务管理观念与模式

金融创新让财务环境愈加复杂，使融资途径与手段愈加丰富多元，可取代的融资模式增加，进行决策愈加困难；使投资风险增大，不断出现新风险源头，风险控制变得愈加复杂困难。为了更好地应对金融创新带来的新变化，企业的财务管理观念与模式有了转变。

3.金融创新驱使企业选择有利的金融工具

新的金融工具能够为企业带来便利与利益，企业需要在如何运用有利的金融工具方面下功夫。企业应优化财务管理流程，实施有针对性的改革，扩大财务机构的信息流，在财务机构中设置同相关金融创新主体沟通的公共关系管理者，以便及时有效地捕捉相关信息，高效地应用新的金融工具。

（二）金融创新给企业带来新利益

1.借助金融创新提升资金收益率

企业在对闲散资金实施管理时，可以借助有比较高的收益、风险相对来讲不大、投资时间不长的金融工具，提升企业闲置资金的收益率。

2.借助金融创新化解财务风险

企业要重视金融创新，了解和把握国内外金融工具，善于运用金融工具转移经济风险、化解财务风险。

3.借助金融创新提高企业融资水平

金融创新为企业融资创造了更多的选择机会，有助于提高企业融资水平。

二、金融创新环境下企业财务管理强化策略

在金融创新环境下,企业的生产经营环境发生了改变,企业可能出现融资难、库存多、产品无销路、资金回收率低等诸多问题。就企业而言,财务管理工作是企业管理的核心,面对上述问题要快速予以反应,及时整合财务管理战略,降低成本,强化对现金的管理。政府应为企业摆脱困难提供更好的条件,譬如营造良好的法律与政策环境,协助企业有效地规避财务风险带来的不利影响。

(一)营造良好的法律与政策环境

面对金融创新,若想让企业能够健康地发展成长,政府就要大力营造优良的、方便企业融资的政策和法律环境,有关部门还要加强同企业之间的沟通,提供各类经济信息服务,在税收征管上提升透明度,具体应采取如下措施:第一,规范企业制度,不断健全整治结构。第二,进一步深化商业银行改革,不断完善金融企业制度。政府应将商业银行转变为资本充足、内部控制严密、运作安稳、服务效益突出的现代金融企业,同时选取有条件的国有商业银行实施股份制整改,及时有效地处理企业不良资产,不断填充企业资本金,创造条件努力上市。第三,培植良好的信用环境。针对当前社会信用意识较差的问题,政府要加快构建完善企业信用体系,加强信用文化建设,培养企业家的信用思想,倡导和弘扬信用理念,在良好的信用环境下,不断改善银行同企业之间的关系。

(二)健全企业内部控制机制

企业要想顺利度过困难时期,就要不断强化自身内部控制系统的管理。只有建立健全内部管理机制,方能由内至外地把企业所面对的风险规避在外。所以,企业一定要建立完善的财务风险管理体系,强化企业内部控制机制。

一旦面临危机，企业首先应控制成本，节省开支。企业要进一步加强审计工作。内部审计机构要加强对内部控制机制构建与履行状况的考核与评估，建立健全企业内部控制机制有效性的日常评价制度。

（三）加强财务精细化管理

对于企业领导来讲，面临金融创新要转变观念，加强财务精细化管理。许多中小企业的领导对怎样运用金融工具防止利率、汇率改变的风险知识把握欠缺，对在企业不同经营时期运用什么样的银行产品融资的基本知识了解不够，导致企业对资金的投放与利用粗放，资金周转效率不高。金融创新要求中小企业对资金采取精细化管理，从而预防财务损失的出现，规避金融风险。

（四）拓展融资渠道

政府要借助政策渠道来拓展企业的筹资途径，譬如将贷款局限条件压低、实行税收减免政策等，同时鼓励企业主动进行财务管理产权重组与技术创新，最大限度地推动企业财务管理发展。另外，企业要加强财务控制与资金管理，保证资金利用率。

（五）加强营运资金管理

企业要生存发展，最重要的是保持拥有足够的现金，现金充足不但能够协助企业应对危机，而且也是企业长期发展的关键保障。科学的现金管理不但能够保证生产经营的正常运转，而且有助于更好地把握企业的发展机遇。具体来说，企业应注重以下几个方面的工作：

1.有效利用资金

企业一定要实施措施提升现金、存货以及应收账款的周转速度，尽可能减少资金的过分占用，压缩资金占用成本；以企业财务机构为主体，加强对赊销与预购业务的控制，建立相应应收账款控制以及预付货款控制体系，对应收账款进行动态跟踪，注重应收账款账龄管理，加大催收应收账款力度，及时有效收回应收账款，降低风险，进而提升企业资金利用率；强化成本控制，科学合理地采购，严格控制存货，提升资金周转速度。

2. 规避经营风险

企业在金融创新时，应加强风险的防范与化解。财务机构应具备专业人才来分析与控制风险，把企业的投融资风险控制在一定范围之内。企业面对财务管理外部宏观环境要具备正确的认识，借助对财务管理办法与政策的不断整合，增强企业本身的适应能力，同时辅以人才培育、制度健全等手段，以有效应对因环境变化而带来的财务风险。企业要根据企业本身的实情，适度降低负债比例，以有效防止融资风险。企业可思考利用兼并重组的模式，以应对投资有误导致的财务风险。

3. 建立商业信誉

企业要树立优良的商业信誉，有效借助商业信用，化解资金短期周转之难，同信贷部门、供应方、经销方等确立良好的协作关系，拓展资金筹集途径，以备在有需求时有实力向银行借款，借助财务杠杆，化解资金需要压力，提升权益资本报酬率。

总之，收益同风险共生，金融创新创造便利与利益之际，风险也随之而来。既然金融创新产品或工具能够给企业带来新的风险，企业在借助金融创新获得利益的同时，还应规避金融创新造成的风险。对于企业财务管理工作来讲，由于在金融创新环境下受到各方面因素的影响，因此实施有效方法来发挥财务管理的功能就显得很重要。企业应根据自身的实际情况，采取科学的措施，最大限度地改变企业财务管理工作的不利因素，以更好地促进经济效益的增长。

第六章 绿色金融

第一节 绿色金融的含义及其发展趋势

绿色金融是在可持续发展观念深入人心、环境问题日益突出的背景下的必然产物，是传统金融发展模式已到尽头、面临转型的战略选择。与传统金融相比，绿色金融是一种更加符合可持续发展和环境生态保护理念的金融运行模式。

一、绿色金融的含义

金融是现代经济的核心，是市场经济有序运行的枢纽。在现代经济中，任何产业的发展都需要金融的支持。没有金融的支持，整个国民经济就失去了赖以为继的生存基础和前进的动力。功能健全的金融体系能促进经济的增长，而不健全的金融体系则会对经济增长造成消极影响。因此，我国高度重视金融业的良性运行和可持续发展，提出实施绿色金融战略。虽然绿色金融在我国还是个比较新鲜和不太惹人注意的事物，但在一些金融业比较发达的国家却早已出现。绿色金融，又称环境金融或可持续性融资，最早出现于美国。当时美国政府创造性地把环境因素引入金融创新，研究如何有效评估环境风险，从而开发出适宜的环境金融产品，并形成稳定的产品构造，向投资者出售，以获得实现经济发展与环境保护相结合所需的资金。

国外学者对绿色金融的定义不尽相同，《美国传统词典》的解释是：环境金融（绿色金融）是环境经济的一部分，研究如何使用多样化的金融工具来保护环境，保护生物多样性。

国内学者对绿色金融的定义也尚存争议，远未达成共识。目前主要有以下三种比较有代表性的观点：

第一种观点认为，绿色金融是指金融业在贷款政策、贷款对象、贷款条件和贷款种类上，将绿色产业作为重点扶持项目，从信贷投放、投量、期限及利率等方面给予第一优先和倾斜的政策。

第二种观点认为，绿色金融是指金融部门把环境保护这一基本国策作为自己的一项基本政策，通过金融业务的运作来体现可持续发展战略，从而促进环境资源保护和经济协调发展，并以此来实现金融可持续发展的一种金融营运战略。

第三种观点是把绿色金融定义为金融业在经营活动中要体现环保意识，即在投融资行为中注重对生态环境的保护及对环境污染的治理，注重环保产业的发展，通过投融资行为对社会资源的引导作用，促进经济的可持续发展与生态的协调。

这三种观点都有一定的道理，都指出了绿色金融的实质是通过投融资行为这一金融调控工具，合理配置社会资源，并达到保护环境的目的。但第一种观点太片面，把绿色金融单纯等同于绿色产业，定义视野过于狭窄。第三种观点没有体现绿色金融的核心意义所在，绿色金融的最大意义应该是解决金融业自身的发展难题，并非全然是附庸于经济发展和生态保护的工具。

绿色金融是在可持续发展理念成为全球共识的背景下提出的，是对现行金融发展模式的革命性变革，具有深远意义。"地球不是我们从先辈那里继承来的，而是我们从我们的后代那里借来的。"这发人深省的话启示我们，不能只顾眼前利益而不顾长远发展，不能只顾自己索取享用而不顾后代的需要。绿色金融的本质在于通过金融业务的运作帮助和促使企业降低能耗、节约资源，将环境风险纳入金融风险管理的范畴和业务考核范围，注重环境风险的防范，避免使整个社会陷入先污染、后治理、再污染、再治理的恶性循环之中。通过倡导绿色金融的发展理念，切实转变经济发展方式，密切关注环保行业、生态产业等未来新兴产业的发展，注重长远利益，以未来良好的生态经济效益和友好环境反哺金融业，建立金融业的生态补偿机制，促使金融发展与生态保护相结合，实现金融可持续发展。

与传统金融片面追求经济利益、忽视环境保护和生态平衡不同，绿色金融的一个突出特点是更强调人类社会生存环境利益，它将对环境的保护、资源的利用作为考核的标准之一，通过自身的活动引导经济主体去关注自然生态平衡，减少环境污染，保护和节约自然资源，维护人类社会长远利益。与传统金融相比，绿色金融更讲求金融活动的开展与环境保护、生态平衡相协调，最终实现经济与人类社会可持续发展。

二、绿色金融的发展趋势

1.绿色金融在国外的发展趋势

绿色金融在国外主要是朝着碳金融的方向发展。碳金融现在成为国外尤其是发达国家研究和实践的热点。碳金融主要涉及的是排放权交易。排放权是人类为了控制气候变暖，维持安全的生存环境，必须规定温室气体二氧化碳的排放量而产生的一项环境权。各国的二氧化碳排放量必须在一定范围之内。超过排放量指标的，须向其他国家购买，否则将会影响到其经济发展速度与规模。《京都议定书》把市场机制作为解决以二氧化碳为代表的温室气体减排问题的新路径，即把二氧化碳排放权作为一种商品，从而形成了二氧化碳排放权的交易，简称碳交易，将对国际金融体系产生深远影响。

2.绿色金融在国内的发展趋势

我国在发展绿色金融方面主要朝着综合化、多元化的方向努力，绿色信贷、绿色证券、绿色保险共同发展，尤其是在信贷业上频频出台绿色信贷新政，走在绿色金融发展的最前列。但"前途是光明的，道路是曲折的"，没有一帆风顺的坦途可以让绿色金融顺利实施下去，绿色金融必定会遇挫折，特别是来自传统观念的阻挠和既得利益群体的抵制，可以说是危险与机遇并存，但机遇不容错过。在发展绿色金融的路途上，我国不应该满足于做跟随者、赶超者，而应该争取做开创者、设计者和规则的制定者，能够引领全世界率先而行。

第二节　我国实施绿色金融的目的及存在的问题

一、我国实施绿色金融的目的

（一）促进金融业的可持续发展和环境保护

实施绿色金融的根本目的就在于实现经济发展与生态保护并行不悖。目前虽然国家加大了对"高耗能、高污染"这类"两高"产业的调控力度，但"两高"产业的增速总体依然偏快，尤其是在国家采取巨额投资举措应对国际金融危机的影响，用投资来拉动经济增长的情况下，这种调控的效果比较有限。在环境保护行政主管部门可以采用的行政手段中，"区域限批"和"流域限批"这两种最严厉的措施能够发挥的作用依然有限。环境保护部门在应对污染大户，解决环境污染问题时，心有余而力不足，因此有必要引入绿色信贷这种经济手段来对"两高"等污染企业的迅速扩张加以有效控制。因为在高污染、高排放产业迅速发展的背后,商业银行的贷款对该类行业的发展起到了决定性作用。企业发展所需资金,除上市公司可以通过股市直接融资而获得外,其他大部分企业主要通过银行等金融机构的间接融资来获取。而绿色信贷是绿色金融的核心组成部分,如果能采用绿色信贷相关措施对此类贷款进行严格控制,就可以迫使污染企业重视环境保护问题,也有利于金融机构实现自身的可持续发展。

(二)促使金融机构加强环境风险控制

商业银行作为金融机构的主体和核心组成部分,本身以营利为目的,风险控制在其经营过程中占据相当重要的地位。

传统的风险管理没有把环境风险管理纳入其中,这是因为之前环境风险还没有突出成为一项必须防范的风险,直到商业银行贷款的安全性与企业的环境状况之间的密切关系越来越引起银行界和学术界的关注时,环境风险才被人们所重视。随着我国对环境保护力度的不断加大,企业环境责任问题日益显现。银行不顾环境风险放贷,企业滥用银行贷款,造成环境破坏,给银行带来直接或间接的风险,造成呆账损失,这是银行搬起石头砸自己的脚,由此引起的巨大损失已不容忽视。因此,绿色金融的实施就要求尽快建立我国的贷款项目环境风险审查评估制度,从而保证贷款安全,强化银行的风险控制。绿色金融的实施还可以促使金融机构更加注重环境风险的防范,减少由环境风险带来的损失。

(三)促使我国顺应世界金融发展趋势

改革开放之后,我国恢复了商业银行这一金融市场的核心主体,同时开始组建保险公司、证券公司等金融市场的基本单元。到目前为止,我国已基本形成了银行、保险、证券分业经营的"三足鼎立"的金融发展格局。这一具有中国特色的金融格局是顺应经济全球化和金融一体化发展的。如今,绿色金融已成为世界金融发展的一个不可逆转的趋势。我国必须顺应这一潮流，着力发展绿色金融，抢占绿色金融发展的制高点，争取走在世界的前列。

二、我国实施绿色金融存在的问题

要想实现实施绿色金融的目的，我国就必须重视和解决其实施中存在的问题。综合我国的实际情况，目前我国绿色金融战略实施中存在的主要问题表现在以下几个方面：

（一）金融企业社会责任意识淡薄

作为企业的一种，金融企业尤其是银行应当承担与其他企业类似或相当的社会责任。这种社会责任主要体现为一般的社会责任和银行作为一类特殊企业主体所应承担的特殊的社会责任。

一般的社会责任大体包括两大方面：一是企业必须依照法律行事，即遵守法律的规定，履行法定的义务；二是必须实践"企业之伦理责任"及"自行裁量责任"，要求企业和个人一样具有道德的一般水准，在营利的同时不能逾越"社会性负责任的行为"。这种一般的社会责任，银行是必须承担的。

与一般的社会责任相比，银行所应承担的特殊的社会责任主要包括以下几个：

第一，审慎经营和风险控制责任。银行是高风险行业，审慎经营，建立银行内部控制机制以控制经营风险，是确保银行稳健发展，避免银行危机和保障经济安全的重要途径。银行承担风险控制责任，有利于维护存款人信心，稳定金融秩序，保护存款人利益和社会公共利益。

第二，业务开展有利于社会经济发展的责任。这种责任可以说是银行落实绿色金融战略的责任基础，其中包含了银行必须重视环境保护的责任。由于银行等金融中介为其他行业提供金融支持，具有宏观政策传导的作用，对银行业经营的方向进行符合社会责任的合理定位，使其调整业务范围和内容，将有利于促进国家经济发展和宏观经济政策的实施。银行将业务拓展与全社会关注的问题紧密结合，使其经营活动适应社会发展和生态环境保护的要求，有利于促进民生改善和社会发展。

银行重视环境保护的社会责任，在环境污染加剧和生态日益遭到破坏的今天，显得尤为重大和迫切。这种社会责任要求银行在发放信贷时，不能只关注能否收回本息，还必须关注借款人贷款的用途、目的以及是否会造成环境影响等问题。银行在经营活动过程中，应避免支持污染和破坏环境的企业，而是要大力支持和鼓励可持续发展行业和环保企业的发展，维护环境质量。

然而令人遗憾的是，在改革不断深入和银行股份制商业化改造的过程中，我国一些银行打着"商业化""市场化"的旗号，强调自己是商业主体，以赚钱为首要目的，以追逐高利润为宗旨，社会责任意识淡薄，从而使绿色金融战略的实施大打折扣，"铁本事件"就是一个很好的说明。

（二）绿色金融贯彻执行的法律依据不足

这主要表现为缺乏一套较为完整的引导绿色金融长期发展，规范各方权、责、利，指导各方经济和社会行为的绿色金融法律制度体系。这直接导致绿色金融的发展缺乏贯彻执行的法律依据，缺乏行之有效的法律保障。现已出台的相关绿色金融的文件，也仅仅停留于部门规章的层面，其中很大一部分还是建议指导性文件，缺乏刚性的约束力和较强的执行力。比如对绿色信贷的执行就令人担忧，原因在于绿色信贷的标准多为综合性、原则性的，缺少具体的绿色金融指导目录和环境风险评级标准，金融企业难以制定相关的监管措施和内部实施细则，降低了绿色信贷措施的可操作性。因此，目前推行绿色信贷的体制及机制还不健全，标准也不完善。

（三）绿色金融的实践主体和形式较单一

目前，我国发展绿色金融的实践主体仅局限于银行，其他金融机构如保险公司、证券公司还未完全成为实施绿色金融相关政策的实践主体。而这直接造成绿色金融整体的推进速度较慢。银行本身实施绿色金融的积极性不高，缺乏各个金融机构之间的密切配合。同时，社会公众的参与力度也远远不够，政府和行业协会在推动绿色金融的发展上没有充分发挥应有的作用。

从形式上看，主要还是依赖于商业银行和政策性银行实施绿色信贷政策，尚未形成直接融资渠道和间接融资渠道相结合、货币市场和资本市场相结合、银行与非银行金融机构相结合的较为完善的绿色金融服务体系。绿色证券、绿色保险也仅仅是提出了一个概念，还没有切实具体的政策可供参照执行。

对绿色证券的推行还有诸多难题未解，推进绿色证券政策的资本市场环境尚未成熟，环保核查制度和环境信息披露制度不健全。我国资本市场具有"新兴加转轨"的双重特征，还存在一些深层次问题和结构性矛盾，改革已步入深水区，还在探索阶段。资本市场环境准入机制尚未成熟，对绿色证券实施的有效性产生重大影响。

对于绿色保险，待破解的难题也不少：一是保险公司在开展绿色保险业务上还未达成共识，发展前景令人担忧；二是推行绿色保险实施的难度较大，企业本身负担较重，再拿出部分资金来购买绿色保险易加重企业负担；三是绿色保险的相关制度建设不足，缺乏具有可操作性的绿色保险实施制度。

（四）缺乏绿色金融监督体系和责任体系

目前，我国实行的是金融分业监督管理，这与我国金融分业经营体制是相匹配的。有效监督体系可以确保相关规定严格贯彻落实，反之，则使纸面上的规定成为一纸空文。因此，我们在推行绿色金融的过程中应建立相应的绿色金融监督体系，量化考核标准，监督绿色金融政策的落实情况。然而，缺乏有效的监督体系是我国目前推行绿色金融的一大软肋。绿色金融事关国家未来发展，事关社会的安定团结，因此必须以制度的方式落实环保与金融合作中政府机构各部门的责任与义务。有责任才有压力，有压力才有动力，缺乏法律意义上的责任体系是不会有绿色金融实现的动力和可靠保障的。我国目前关于绿色金融的权责建设基本上是一片空白，缺乏事前有效监督和事后责任追究，使绿色金融无法实现自身的价值。

第三节 绿色金融立法

由于绿色金融在我国尚处于发展初期，在具体实施中存在不少问题，尤其是绿色金融的实施缺乏相关法律法规的保障，缺乏相关的监督体系和责任体系。因此，绿色金融立法显得非常必要而迫切。通过立法来完善绿色金融法律制度，对实施绿色金融发展战略具有重要的意义。

一、绿色金融立法的必要性

目前我国实施绿色金融战略存在的上述问题，直接或间接与我国绿色金融立法有关。绿色金融在我国的发展趋势不可逆转，这已是毋庸置疑的事实。凡是存在的都是合理的，我们无法否认绿色金融发展的事实和合理性，但是它并非自然生长的，绿色金融是政府推行的一项利国利民的政策，需要通过立法来加以保障和促进，使之"名正言顺"。秩序是法律最基本的价值，用法律的形式来维护金融秩序是最有效、最可靠的方式。绿色金融立法能够保障和促进绿色金融战略的实施，为其提供具有较强约束力的行为规则，保证相关的措施落到实处。当然，没有绿色金融战略的实施也就没有绿色金融立法的必要，绿色金融战略的实施是绿色金融立法的前提，二者相互依存、相互促进、缺一不可。结合我国实际，可以将绿色金融立法的必要性归纳为以下几点：

（一）绿色金融的实施需要相应的法律依据

法律是全国人民意志的集中体现，代表全国人民和国家的根本利益。它是通过严格的法定程序，集中全国人民的智慧并经反复酝酿、研究而形成的。它具有强制性、普适性和科学性。在法治国家，任何一项重大的战略和改革的出台，都必须有相应的法律依据。绿色金融战略的提出和实施也是如此，需要相应的法律依据使之"师出有名"，从法律的层面上认定其存在的合理性和正当性。

（二）绿色金融的实施需要法律加以规范

法律的规范作用根据对象的不同，可以被概括为指引、评价、预测三种。

具体说来，指引作用是指法律对人的行为起到导向、引路的作用。这种指引是一种规范的指引、普适性的指引，不是针对个别人而是针对整个社会群体的指引，具有连续性、稳定性，是形成稳定秩序的必不可少的条件和手段。绿色金融的实施主体需要法律为其行为指定正确的方向，使其行为符合法律的规定。

评价作用是指法律作为人们对他人行为的评价标准所起的作用。用法律的规范性、普遍性和强制性标准来评价人的行为，重点在于行为人的外部行为、实际效果以及行为人的责任。这体现在绿色金融立法上就是通过设定监管部门对实施绿色金融义务方的行为进行评价的职责，评价相关行为是否符合绿色金融法律的规定。而这种评价有可能产生采取制裁措施的法律后果，而非简单的说教。

预测作用是指人们根据法律，可以预估人们相互间的行为以及行为的后果等，从而对自己的行为做出合理的安排。法律是明确的、相对稳定的规范，它的内容是具体的并在一定时期内保持连续性，这就给人们进行行为预测提供了可能。倘若法律规范朝令夕改，人们就无法进行行为的预测。正是因为法律具有相对稳定性，绿色金融的实施才需要立法，法律才能为绿色金融的实施提供稳定、连续发展的前提和行为预测，人们也才能够准确预测哪些行为符合绿色金融的要求而可为，哪些行为不符合绿色金融的要求而不可为，绿色金融法律制度才能成为"吏民规矩绳墨也"。

（三）绿色金融的实施需要法律加以促进

法律对绿色金融的促进作用主要体现在制定若干奖励性的规范，通过这些奖励性的规范来促使相关实践主体积极主动落实绿色金融的相关政策目标。奖励性的规范可以分为税收、利率、环保级别等种类。而设定奖励性的规范可以从两个方面来考虑：一方面，从金融机构的角度，可以对实施绿色金融战略的金融机构给予税收上的优惠和财政上的支持，以鼓励金融机构在开展业务时更加主动地落实绿色金融政策。另一方面，从其他企业的角度，银行可以对投资环保行业和发展生态产业的企业给予贷款利率优惠、贷款贴息和更多的融资支持。有时候奖励性的规范往往比惩罚性的规范更有效，说到底无论是商业化的金融机构还是其他企业都具有追逐利益的本性，当其觉得有利可图的时候自然会主动为之。而设定奖励性的规范就是要给利，通过给利使企业自觉自愿实施绿色金融。正所谓"己欲立而立人，己欲达而达人"，这样既可以使企业获利，也可以使我们的环境更加美好，形成一种"双赢"的局面。

（四）绿色金融的实施需要法律提供保障

国际经验表明，以立法形式确保绿色金融的有序发展是极其必要的。法律之所以是一种比道德更有效的社会治理方式，是因为它通过设定外在的惩罚措施来约束人的行为，而不同于道德的内心约束。对于我国来说，在未来的二十年内，减排任务十分艰巨。我们应该通过立法明确绿色金融发展目标和计划，规范绿色金融发展路径，以法律的强制约束力来保障绿色金融的顺利实施。比如美国就通过相应立法限定二氧化硫排放总量，为建立可交易的排放许可证机制提供了国内法基础。《联合国气候变化框架公约》及《京都议定书》则成为二氧化碳排放配额市场创立的国际法基础。针对当前我国节能减排所面临的严峻形势，发展绿色金融，利用金融手段来确保节能减排目标的实现是十分必要的。为了保证节能降耗和污染减排目标的实现，应当加快推进绿色金融法治化建设，完善相应的法律约束机制和责任机制，为绿色金融的实施提供完善的法律保障。

二、我国绿色金融立法概况与不足

依法治国的方针写入了《中华人民共和国宪法》。法律成为促进经济发展和完善社会治理的重要手段。我国正处于社会主义市场经济建设的初级阶段，相关法律法规还不甚完善，金融市场上也存在法律缺位的状况。绿色金融立法对完善社会主义市场经济条件下的金融市场意义重大，能够使金融法制化建设迈出新步伐。《中华人民共和国立法法》明确规定，对于涉及金融的基本制度的事项只能制定法律。而绿色金融战略的实施已实际触动到一些金融的基本制度，需要对一些金融基本制度进行变革。而立法有助于解决这个问题。绿色金融立法是完善绿色金融法律制度的前提和必要手段，绿色金融法律制度又是实施绿色金融战略的必要保障。因此，绿色金融立法对实施绿色金融战略是非常必要的。

（一）我国绿色金融立法概况

立法，又称法的创制、法的创立、法的制定等，通常是指有法的创制权的国家机关或经授权的国家机关在法律规定的职权范围内,依照法定程序,制定、补充、修改和废止法律及其他规范性法律文件,以及认可、解释法律的一项专门活动。立法有广义和狭义之分,这里主要是从广义上来理解立法概念。广义上的立法泛指一切有权的国家机关依法制定各种规范性法律文件的活动,它既包括国家最高权力机关及其常设机关制定宪法和法律的活动,也包括有权的地方权力机关制定其他规范性法律文件的活动,还包括国务院及其部委和有权的地方行政机构制定行政法规和其他规范性法律文件的活动。由于我国目前尚无专门规定绿色金融的法律和行政法规,因此由享有行政立法权的国务院部委制定的以具有政策性、引导性、指引性的规范性法律文件为表现形式的相关规范也可以纳入立法范畴。

(二) 我国绿色金融立法的不足

总体而言,有关绿色金融的规定,是我国立法针对发展绿色金融的现实要求所做的积极应变。但是这些立法尚存诸多不足,主要表现在:立法层次较低;缺乏强制力和约束力;可操作性不够强;内容不全面,仅局限于绿色信贷;比较笼统;欠缺责任追究机制和惩罚机制;等等。比如《节能减排授信工作指导意见》只是宣示性地声明各个金融机构必须认真贯彻执行,并没有在具体内容上明确假如不遵照执行,应该承担什么样的法律后果,缺乏相应的责任追究制度和惩罚手段,致使该文件规定的金融支持节能减排措施难以落到实处。同时,我国尚未建立起完善的绿色金融法律制度,出台的意见和指导性文件尚未形成体系,相互之间缺乏关联,导致其难以为绿色金融的发展提供足够的法律保障和制度支持。因此,我们应大力加强绿色金融立法,构建完善的绿色金融法律制度,并积极引导和推动绿色金融的深入发展。

第四节　完善我国绿色金融法律制度的基本设想

一、完善绿色金融法律制度的基本原则

完善绿色金融法律制度的基本原则，是指法律制定者在绿色金融法律制度完善过程中应该遵循的基本准则，它是立法的指导思想在法律的完善过程中的具体化、实践化。完善绿色金融法律制度的目的与宗旨，即在金融法中全面贯彻可持续性发展和环境保护理念，而要实现这一目的，就必须遵循以下基本原则：

（一）公平原则

可持续发展所追求的公平原则包含三个方面的内容：一是同代人之间的横向公平性；二是世代人之间的纵向公平性；三是自然公平性，即人类作为自然界的一员，与其他物种之间在享受生态利益与承担生态责任方面的公平性。环境与资源是人类生存、发展的共同物质基础，如果当地人破坏资源、浪费资源，则不仅会制约自身的发展，更会剥夺后代人继续发展的权利，对被动承接的后代人是不公平的。因此，有必要在绿色金融法体系中贯彻新的公平观，重整人与自然的关系，通过人与自然之间的公平交易，促进经济利益与生态利益双重目标的实现。

（二）生态秩序原则

人们在社会生活中往往只考虑自己的行为对社会秩序的影响，而忽略了对非社会秩序即生态秩序的影响。生态秩序是其他一切秩序的基础，环境危

机实质上就是对生态秩序的破坏。正是基于这样一种现状,可持续发展提出人与自然和谐共处,引导人们不仅要维护经济秩序、社会秩序,也要关注与人类生存、发展密切相关的生态秩序。生态秩序原则要求突破传统理论的限制,按照可持续发展的需要进行更新,为金融业乃至整个经济体系与环境协调发展构建新的秩序体系。

(三)效率与效益原则

"效率""效益"是经济学常用的概念,现在已经延伸到法学领域。经济分析法学派更是将效率与效益视为法学的核心价值之一。在经济学中,效率指的是资源的有效利用与配置,是投入与产出之间的对比关系;效益指的则是预期目标实现的有效程度。把效率与效益的概念引入法学,使经济学与法学的联系更加密切,拓宽了法学研究的视野。

金融法虽然已着眼于整体效益和社会效益,但以可持续发展的要求来审视,它仍有一个较大的缺陷,即没能很好地反映环境效益。可持续发展强调的是人口、社会、资源、环境与经济发展的整体性,强调经济效益、社会效益和环境效益的统筹兼顾。不能因成本高、效率低而置可持续发展的精神于不顾,忽视社会利益和环境后果;也不能只顾结果,不管效率,耗费过多的国家资源,造成社会发展能力的损失。要保护环境,就必须树立环境价值的权威,寻求可持续发展的价值目标。绿色金融立法的重点就是追求绿色效率与绿色效益,创造"绿色利润",实现经济发展与生态保护的紧密结合。绿色金融法应以追求社会整体效益为其最大的价值取向。根据可持续发展的定位,在完善绿色金融法律制度的过程中,既要重视提高金融效率,又要注重实现社会效益与环境效益。

二、完善绿色金融法律制度的基本架构

绿色金融的发展需要相应的法律制度安排。所谓绿色金融法是指有关调整绿色金融的法律规范的总和，也就是金融法的绿化，即体现环境保护理念的金融法。还有学者认为，绿色金融法是指以金融手段促进环境保护的法律规范的总称。其实二者的定义从实质上来说是一致的，都强调在金融法中全面贯彻可持续发展理念及环境保护理念。从目前我国绿色金融发展现实来说，我国绿色金融法律制度主要包括绿色银行类法律制度、绿色证券类法律制度、绿色保险类法律制度等。由于在我国绿色金融的发展处于起步阶段，其发展理念还有待普及和深化，推动力尚显不足，相关法律法规制度尚未建立起来，制定一部单独的促进型法律是必要的。结合绿色金融在我国实施的现实需要，大胆设想应从整体上制定"绿色金融促进法"，作为实施绿色金融的"母法"。由此，绿色金融法律制度的基本架构如图6-1所示：

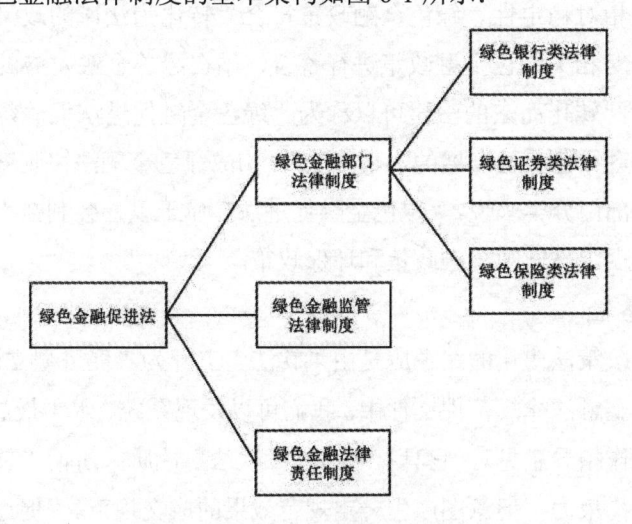

图 6-1 绿色金融法律制度的基本架构

需要指出的是，这种法律制度架构的设计是基于我国现实，在目前阶段最易实现的绿色金融立法模式。先以"绿色金融促进法"作为绿色金融战略

实施的基本法律依据和绿色金融法律制度的主干。该法律的主体部分囊括绿色金融部门法律制度（包括绿色银行类法律制度、绿色证券类法律制度、绿色保险类法律制度）、绿色金融监管法律制度和绿色金融法律责任制度。当然，"绿色金融促进法"并非局限于这些内容，还可以包含其他绿色金融法律制度，如排放权交易法律制度和绿色融资法律制度等。而绿色金融部门法律制度也不只是在"绿色金融促进法"中体现，还可以在其他法律中进行规范和体现。绿色金融监管法律制度及绿色金融法律责任制度也可以在其他法律中进行规范。

三、完善绿色金融法律制度的基本内容

（一）绿色金融促进法

法律具有相对稳定性。绿色金融政策符合"转化为法律的政策"所必须具备的条件。对相关绿色金融政策进行整合，站在绿色金融发展的整体高度进行立法，由此转化而来的法律可以称为"绿色金融促进法"。"绿色金融促进法"作为促进绿色金融发展的"基本法"，构成绿色金融法律制度的核心和主干。从法律部门分类来说，"绿色金融促进法"属于以社会利益为本位的社会法，更多体现国家宏观金融政策和环保政策。

1.立法路径

绿色金融政策法律化的路径应是由"软法"上升为"促进型立法"。在已经出台的绿色金融法律规范性文件中，我们可以发现系统、水平最高的是《节能减排授信工作指导意见》，它具有明显的"软法"性质。所谓"软法"是指缺乏国家法的拘束力，但意图产生一定规范效果的成文规范。"促进型立法"对银行业全力支持节能减排具有促进导向作用，对社会的发展具有引导意义。"促进型立法"中指导性规范、自愿规范相对较多，强制性规范较少。国家节能减排战略的顺利实施迫切需要以银行业为主的金融机构的配合。我国目

前的绿色金融政策很符合"促进型立法"的特点,故我国绿色金融政策法律化的最佳形式是"促进型立法"。"软法"与权利义务对应的"管理型立法"区别明显,但"软法"的内在性质与"促进型立法"相比却很相似,责任形式主要是道义责任、社会责任,只是"软法"属政策,"促进型立法"属法律。因此,由"软法"上升为"促进型立法"是我国绿色金融政策法律化的最佳路径。

2.立法目的

《节能减排授信工作指导意见》第一条指出:"从落实科学发展观、促进经济社会环境全面可持续发展、确保银行业安全稳健运行的战略高度出发,充分认识节能减排的重大意义,切实做好与节能减排有关的授信工作。"这一条明确将落实科学发展观、促进经济社会环境全面可持续发展、确保银行业安全稳健运行作为政策目标。当然,《节能减排授信工作指导意见》只是站在银行业这一角度来说的,但可以将之扩展到其他金融行业,使之成为整个绿色金融部门应贯彻的政策目标。从立法的角度来看,"绿色金融促进法"应将保证金融行业安全稳健运行作为直接目的,将促进经济、社会、资源、环境全面协调可持续发展作为最终目的。立法目的应该在总则中予以确立,作为绿色金融战略实施的宏观指导思想。

3.基本内容

"绿色金融促进法"包括如下具体内容:总则、基本管理制度、发展形式、激励措施、法律责任、附则等。

在总则中除了确定立法目的,还要对相关的概念进行界定,如对绿色金融这个种概念和绿色信贷、绿色证券、绿色保险等属概念进行明确的定义。还应在总则中确定把实施绿色金融作为国家经济社会发展的一项重大战略。

在基本管理制度中应当要求金融企业制订绿色金融发展规划,并报相关金融监管部门批准。绿色金融发展规划应包括规划目标、适用范围、主要内容、重点任务和保障措施等。政府应要求金融机构配合环保部门的工作,对污染严重的大户实施"断粮"措施,坚决要求停产整顿。政府应当会同环保部门共同制定相关环保标准和企业环境分类管理制度，这样银行业金融机构在企业申请贷款时有具体的环境审核标准，避免银行业金融机构陷入无所适从的境地。

按照我国现实要求，可以将绿色金融发展形式分为绿色信贷、绿色证券、绿色保险、排放权交易等。由于前三种形式涉及我国金融基础部门，因此可以在各自的金融基本法领域内进行法律制度的完善。目前，我国尚无在国家层面上针对排放权交易的立法，排放权交易缺乏法律统一而有效的规制。因此，可以在"绿色金融促进法"中制定相应规范，以引导排放权交易的良性发展。其内容包括：排放权的确认；环境容量产权的取得和界定；环境容量产权交易主体及交易范围；当事人权利义务；市场交易程序和操作手段；政府的作用和职责等。

关于绿色金融激励措施，可以运用利率政策、税收政策和建立相关奖励机制，来鼓励绿色金融的实施，促进绿色金融的发展。作为一部促进型的法律，"绿色金融促进法"应更多地采取激励措施以促进绿色金融的发展。尤其是对符合国家产业政策的节能、节水、资源综合利用等投资项目，金融机构应当给予优先贷款等信贷支持，并积极提供配套金融服务。而对生产、进口、销售或者使用列入淘汰名录的技术、工艺、设备、材料或者产品的企业，金融机构不得提供任何形式的授信支持。国家还可以调整税收政策，建立绿色税收机制，对污染严重的企业加征环境资源税，而对生态环保企业给予所得税减免等优惠措施，以鼓励其发展。政府还可以设立研究和发展绿色金融的专项基金，用以支持开展绿色金融方面的研究，包括绿色金融法律制度方面的研究。

（二）完善绿色金融部门法律制度

1.完善绿色银行法律制度

虽然"绿色金融促进法"已经对绿色信贷进行了规定，但具体说来也只是粗线条的，一部简单的促进型法律不可能对绿色信贷法律制度做全盘而细致的规定。为适应我国发展绿色金融、推进绿色信贷的要求，在立法上可以采取法律修正案的形式完善《中华人民共和国商业银行法》的相关规定。同时在《贷款风险分类指导原则》中增加环境风险评估的内容，逐步构建我国绿色信贷法律制度。在政策性银行的立法方面，应该出台政策性银行法律法规，在该法律法规中确立政策性银行的法律地位，还可以成立专门的环保生态银行。

2.完善绿色证券法律制度

为了发展绿色金融，促进证券业与可持续发展战略的融合，就完善绿色证券法律制度而言，应当主要从以下方面努力：

第一，完善环境信息披露法律制度。通过证券监管将环境保护的要求融入投资活动和企业的管理之中。证券法对企业，特别是上市公司的行为有重要的导向作用，不论是其投资活动，还是其管理方式和行为模式。可以说目前法律规范最完善的公司是上市公司，因而上市公司往往又是其他公司的榜样。证券法对上市公司形象的设计有深远的社会影响和社会意义。要求公司进行环境信息披露不仅可以满足利害关系人对环境信息的需求，对企业完善环境会计制度和环境风险管理制度也有很大的促进作用。虽然《中华人民共和国公司法》对上市公司的信息披露做了严格要求，但几乎没有涉及环境信息披露的规定。鉴于环境问题对企业财务状况和经营成果的影响越来越大，企业在其重大决策和日常活动中都必须考虑环境成本和环境效果，将环境管理融入企业运作之中，因此仍有必要进一步加强环境信息披露方面的立法。在相关条例中应明确以下内容：一是信息披露对象。规定披露对象限于投资者、证券监管机构和环保部门。公众可以通过申请来获取相关的信息。二是信息披露的方式。可以采取强制公开与自愿公开两种方式。对于事关重大公共利益和投资者利益的信息应该强制公开，其他的则根据情况自愿公开。三是信息披露的内容。这主要是指与投资对象和企业环境风险有关的所有重要信息，如企业的环境保护实施运转情况、环境费用投入、企业面临的环境风险情况等。通过把部门规章提升为行政法规，提高关于环境信息披露制度方面的法律位阶，能够使环境信息披露法律制度更加完善。

第二，完善绿色融资法律制度。证券业应当为环保产业的发展优先提供融资渠道。证券市场是企业重要的直接融资渠道，对发展经济、调整产业结构都有重要作用。环保产业是非常有前途的新兴产业，已被确定为我国今后重点发展的产业之一，但其基础尚薄弱，发展的条件和机制尚未健全，急需各方面政策的扶持。因此，证券法应做出相应规定，对符合条件的环保企业优先安排上市或发行绿色债券，允许环保投资基金上市融资等。此外，证券监管机构也要加强监管力度，严格禁止污染环境严重的企业以及建设项目通过证券市场融资。政府和环保部门还可以通过设立各种绿色基金（环境基金）来拓宽环境融资渠道。政府和人民银行可以鼓励私人参与生态基金的建设，鼓励企业建立环保基金和生态基金，允许私人参与城市公共环境治理项目的建设。在发展绿色基金上应该允许先尝先试，默许一些金融创新行为。同时，建立环境基金风险防范制度，不仅要监督环境基金项目可能出现的财务、项目风险，还要协助企业规避因实施基金投资而出现的风险。这就需要设立专门机构，进行基金投资项目和业务的风险评估和控制，加强环境基金的风险管理。环境基金的形成，将会为环境融资提供广阔的渠道，加速绿色金融的发展。

3.完善绿色保险法律制度

绿色保险又叫环境责任保险，是指以被保险人因污染环境而承担的环境赔偿或以治理责任为标的的责任保险。它通过解决环境纠纷、分散风险、为环境侵权人提供风险监控等为环境保护提供服务。在环境污染事故发生后，如果没有合理的善后机制作保障，那么企业往往难以承受高额的赔偿和环境修复费用，从而引发许多社会矛盾。因此，在我国设置环境污染责任保险具有重要意义，对我国的污染事故善后、纠纷矛盾化解和环境保护非常有帮助。

（三）完善绿色金融监管法律制度

对于银行业应该如何遵守审慎经营规则，在绿色金融的监管立法中可以进行完善，制定具有可操作性的具体规则，使银行在环境风险管理的防范上有具体的规则可供参照执行，同时也便于监管机构进行有效的监管。根据审慎经营规则的定义，风险控制（包括环境风险控制）是其不可缺少的一部分。因此，在关于银行风险控制的相关规则中，应该确立企业贷款项目环境与社会影响评估的相关内容，根据具体评估企业贷款项目对环境影响的程度来确定是否贷款和贷款的额度。要加快建立银行业环境风险预警机制，从而将商业银行推行绿色信贷作为风险控制的基本内容。

由于保险业和证券业没有单独的监管法律，而是在《中华人民共和国保险法》和《中华人民共和国证券法》中设专章规定了相关监管规范，因此以后的绿色金融监管方面的立法也可以不制定单独的保险业监管法和证券业监管法，而是在既有的监管法规的基础上进行相应条款的完善。假若以后我国改变现有分业监管的格局，实行金融统一监管，就可以相应地制定绿色金融统一监管法律。

（四）完善绿色金融法律责任制度

由于我国实行比较严格的金融管制措施，在《中华人民共和国中国人民银行法》中规定的法律责任特点是直接责任者负责和央行的行政诉讼责任，强调的是银行首长负责制下的个人责任追究制度，多体现为追究行政责任和刑事责任。根据《中华人民共和国商业银行法》和《中华人民共和国银行业监督管理法》的有关法律责任的规定，大部分涉及追究行政责任和刑事责任。这就决定了我国现行的金融法律责任制度以刑事责任为主，以民事责任为补充。对于绿色金融责任制度的建立，应改变现行责任追究机制，以民事责任为主，以刑事责任、行政责任为补充。这是由于我国金融机构已逐步实行股份制改造，特别是银行业。把银行变为真正的民事上的主体是十分必要的。无论是国有还是私有，银行终究要回归市场，找到自己应有的位置，再也不是行政机构的附庸。

对于绿色金融责任机制的完善，可以结合现有的金融法律法规中有关法律责任的规定，并根据绿色金融发展的需要，形成我国特色的绿色金融法律责任机制。按主体分类，我国绿色金融法律责任主要有三类：一是对于不按绿色金融法律法规制度规定实施绿色金融的，比如不按制度规定发放贷款，在审核时不预先对企业贷款项目的环境风险进行评估，应对相关银行管理人员与信贷审核人员追究相应的责任。对银行没有按照绿色信贷的要求给予贷款的项目，造成重大环境污染事故的，银行应承担部分民事赔偿责任。二是企业没有按照环境部门的要求披露相关环境信息，没有按照绿色金融的强制性规定披露企业所投入项目的环境信息，则企业的管理人和负责人应按照法律的规定承担相应的法律责任，造成重大后果的，依法追究刑事责任。三是金融监管部门的监管人员不按照绿色金融监管法律制度的规定，失职或越权监管，应承担民事赔偿责任和行政责任。

四、相关法律制度的综合完善

有人建议，在现有的法律制度基础上，再出台一部《绿色金融法》，就可以解决绿色金融发展的问题，把绿色金融所有的法律规范都装入其中。这个想法未免过于乐观。对于绿色金融的发展，我们不能期望一劳永逸。绿色金融法律制度的完善是一项系统工程，不仅需要针对绿色金融的专门立法，完善现已制定的金融法律法规，而且需要其他相关法律制度的综合完善。相关金融法律法规的完善对绿色金融的发展至关重要，为绿色金融提供了强有力的支撑。

（一）要改变立法完善上存在的局限性

对绿色金融法律制度的完善不能只局限于金融领域，还应该对其他法律部门的法律制度，尤其是环境保护方面的法律制度，比如《中华人民共和国环境保护法》《中华人民共和国环境影响评价法》《中华人民共和国水污染防治法》《中华人民共和国大气污染防治法》等，进行补充和完善。

由于我国的生态环境发生了巨大变化，一些规定已经不合时宜，因此必须对《中华人民共和国环境保护法》的相关规定进行修改，尤其需要加大环境保护行政主管部门的执法权。通过完善相关法规，加大对违法行为的处罚力度，重点解决"违法成本低，守法成本高"的问题，规定环保执法部门可以联合金融机构对"污染钉子户"实行一定程度上的"金融制裁"。

还要关注《中华人民共和国环境影响评价法》中的环境影响评价制度。环境影响评价是指对规划和建设项目实施后可能造成的环境影响进行分析、预测和评估，提出预防或者减轻不良环境影响的措施，进行跟踪监测的方法与制度。环境影响评价制度最重要的就是预防功能，可以事先对项目的环境影响进行评估，加强相关规划和建设项目的环境管理。但这项制度仅是从环保部门的角度来说，环保部门执法手段的局限性并不足以防止金融资金流向没有通过评估的项目，导致环境影响评价制度不能完全发挥应有的作用。因此，环境影响评价制度应逐步完善相应的环境标准和评价体系，以期与绿色信贷中的贷款前的环境风险审查制度共同发挥作用，形成两道阻截环境污染和生态破坏的"防火墙"。

我国已有的环保政策和信息缺乏统一管理与发布机制，行业环保标准也是"政出多门"，缺乏统一性和规范性。为此，环保部门可联合行业组织和协会，建立一套基于环保要求的产业指导目录。如对各行业的产品、加工工艺、污染程度、排污方式等加以界定，为银行制定信贷标准提供可以参考的信息。而且这套产业指导目录应具有法律效力，是各个行业必须遵循的规范。

（二）不能忽视金融责任中的刑事责任

金融业毕竟是高风险和事关大局的行业，运用法律手段严格防范金融风险还是很有必要的。法律最重要的功能恰恰在于防范风险，比如刑法最重要的功能并不在于事后惩罚犯罪，而是事前预防犯罪。预防犯罪比惩罚犯罪更高明，这是一切优秀立法的主要目的。之所以设定严格的金融犯罪的刑事责任，是因为金融事关国家全局，"牵一发而动全身"，必须严控金融风险和其他可能对金融造成影响的风险。《中华人民共和国刑法》中关于金融犯罪的法律规范应得到完善，以刑罚的威慑力保证绿色金融顺利实施。

（三）要改变立法完善的指导思想

如果"遇着问题绕着走""把问题留给下一代解决"，问题就会越来越多，使得很多问题积重难返，导致矛盾的集中爆发。这种回避问题的思路只能行一时，不能从根本上解决问题。对于绿色金融法律制度的完善，应该顺应我国金融市场发展趋势，对一些原则性的规定尽量细化，使其具有可操作性。

第五节　绿色金融对企业财务决策的影响

一、绿色金融政策下企业财务决策的变化

（一）对环保和可持续发展的重视程度增加

在绿色金融政策出台后，企业的财务决策也发生了明显变化。随着环境保护与可持续发展受到越来越多的关注，企业的财务决策也越来越关注环境保护与可持续发展，这种变化体现在诸多方面：

第一，企业更多地关注环境保护与可持续发展的信息披露。随着绿色金融政策的出台，越来越多的企业开始在财务报告中加入环保与可持续发展相关信息，向投资者及社会公众展现企业在这一领域所做的努力与取得的成就。这不仅有利于提高企业的可持续发展能力，而且有利于吸引更多环保投资者

的关注。

第二，企业越来越重视风险管理与合规的财务决策。随着环保法规的不断完善以及绿色金融政策的推进，企业在财务决策过程中越来越关注环境风险与合规风险。企业在进行环保项目风险与收益评估时更加慎重，确保其可持续发展与合规性，以规避可能产生的财务及信誉风险。

（二）在资金运用方面进行调整

以往，企业可能更多的是追求短期经济效益，但现在，随着社会越来越重视环境保护和可持续发展，企业开始更多地关注长期、可持续的发展。这一变化在资金运用方面得到了充分体现：

一方面，企业在资金使用上，对环境保护、可持续性项目的支持力度加大。以往，企业可能会选择高回报、低风险的投资项目，但随着绿色金融政策的出台和实施，企业开始关注环境保护与可持续发展的因素。因此，为了实现经济增长和环境保护的双赢目标，企业在资金使用上更愿意把资金投入环保技术研发、清洁能源和循环经济等项目中。

另一方面，企业在资金的使用方面更加注重社会责任与可持续发展。随着绿色金融政策的实施，企业对社会责任与可持续发展的关注程度越来越高，并把这些因素纳入企业财务决策中。为了实现经济效益和社会效益的统一，企业在资金使用上倾向于选择符合环境保护标准和社会伦理的项目。

（三）投资项目选择的侧重点转变

以往，企业可能更多地关注投资项目的短期经济效益和回报，但现在，在社会越来越强调环保和可持续发展的情况下，企业更多地关注项目的环境保护和社会效益，并将这些因素纳入投资决策的范围中。在绿色金融政策的影响下，企业更倾向于选择能减少碳排放、节约资源、发展循环经济的项目，更加注重项目的长期可持续发展与社会效益。除了短期的经济效益外，企业还会考虑项目在环境保护、社会责任和品牌形象等方面的表现，会综合评估项目对企业今后发展的影响。

二、绿色金融政策下企业财务决策的优化措施

（一）环保投资与项目筛选

企业应对绿色金融政策的有关规定进行深入学习，明确政策方向，选择符合政策导向的环保投资项目。通过对政策文件的详细解读与分析，企业能够明确政府在环境保护方面所采取的扶持政策，以及对环保项目的奖励与激励制度。在此基础上，企业能够选择符合政策导向的环保投资项目，保证其可持续发展。企业应对环境投资项目进行风险评估，并对其效益进行预测，制定行之有效的投资方案。通过对项目风险因素的综合评估，企业能够识别出项目中的潜在风险，并采取相应的风险管理措施，从而降低项目的投资风险。同时，企业要合理预测项目的预期收益，保证投资项目可以获得理想的盈利。企业可以根据这些评估结果，制订合理有效的投资规划，科学配置资金投入，实现投资效益最大化。在绿色金融政策引导下，企业应注重绿色投资项目的优化措施，通过对政策需求、风险评价与收益预测、资金分配优化等方面的研究，实现绿色投资项目的高效执行与可持续发展。只有把政策导向与市场需求相结合，企业才能抓住环保投资机会，实现经济效益和环境保护的双赢。

（二）资金来源多元化

在目前的绿色金融政策背景下，为了达到可持续发展与环境保护的目的，企业应积极探讨资金来源多元化的问题。其中，绿色金融工具的运用是一个重要的优化手段。绿色债券、绿色信贷等金融工具为企业提供绿色融资渠道，

对降低企业融资成本、降低环境风险、提升企业形象具有重要意义。企业可以通过发行绿色债券和申请绿色贷款等多种方式，实现绿色融资的多元化。通过发行绿色债券，企业可以吸引更多绿色投资者的注意，获得更多的融资支持。在选择融资来源时，企业要综合考虑各种融资方式的成本与风险，做出最佳选择。与传统融资相比，绿色金融产品在成本上具有一定优势，如绿色债券的利率可能比传统债券更具竞争力。此外，绿色金融还可以降低企业的社会风险，提高其可持续发展能力。企业还可以通过与金融机构建立良好的合作关系，来获得更多的绿色金融支持。在绿色金融领域，金融机构积累了丰富的经验与资源，能够给企业提供更多、更优质的绿色金融产品与服务。通过与金融机构的合作，企业可获得更多的绿色金融支持，实现绿色转型与可持续发展。

（三）绿色成本控制与效益评估

在现阶段绿色金融政策背景下，进行绿色成本控制和效益评估，对企业财务决策具有重要意义。为实现可持续发展的目标，企业应采取相应的措施，提高环境成本控制的效益。企业可以通过优化生产工艺、减少能耗、减少排放，实现环境保护。数据表明，全球每年约有 65%的能源消耗来自碳排放，因此减少能耗是减少环境污染的关键。采用节能技术，优化生产布局，可有效减少能源消耗和环境保护费用。此外，企业还需要制定绿色成本控制指标，并对环境投资的收益进行监测；建立环境保护成本控制指标体系，细致监测、评估环保投资。定期评估环境保护投资的效益，有助于企业及时调整投资方向，保证环境投资得到有效利用，提高环境保护成本控制的效益。同时，将环境保护成本纳入企业财务预算与绩效评估体系，对节能减排行为进行激励也是十分重要的。

(四)绿色经营与品牌建设

在企业战略规划中融入绿色管理理念,是提升企业绿色形象的一个重要步骤。数据显示,消费者对绿色产品与服务的认同程度在不断提高。所以,企业应该把绿色管理的思想融入内部战略规划中,选择与绿色金融政策相适应的发展方向,以此来树立自身的绿色形象,吸引更多的消费者。加强与各利益相关者的交流,提高企业在绿色金融方面的信誉与公信力也是十分重要的。通过与政府、投资人、消费者等各方的有效沟通,企业可以获取更多的支持与资源,提升其在绿色金融领域的声誉与信誉。调查数据表明,环境保护领域的声誉和信誉与企业的市场份额呈正相关。在环境保护领域,大力发挥企业的示范效应,促进产业绿色发展,提升品牌价值,是企业财务决策优化的重要手段之一。企业可以引领产业绿色发展,带动全产业链绿色转型,提升品牌价值与市场地位。研究显示,在环保产业中发挥示范作用,可有效提升品牌价值与市场竞争力。企业还可以通过把绿色管理理念融入战略规划中,加强与利益相关者的交流,起到示范作用,从而使企业的财务决策得到优化,提高企业在绿色金融领域的信誉,促进产业的绿色发展,提升企业的品牌价值。

绿色金融政策的实施,对企业的财务决策有深刻影响。企业在进行财务决策时,应将环境保护与可持续发展因素考虑进去,采用环境保护措施,通过绿色金融产品提升社会责任形象,从而实现经济增长与环境保护的双赢。未来,随着绿色金融政策的进一步完善与推广,相信企业会更多地关注可持续发展的财务决策,从而为构建绿色、低碳的经济社会做出更多贡献。

第七章　企业财务金融管理信息化建设

第一节　财务金融管理系统

一、明确系统需求与目标

（一）系统需求深度剖析

在进行财务金融管理系统构建与选型之初，首要任务是对系统需求进行全面而深入的剖析。这一过程不仅是技术实现的基石，更是确保系统能够精准对接业务需求、提升工作效率、优化资源配置的关键。具体而言，系统需求可细化为以下几个方面：

1.功能需求

企业要明确系统需要涵盖的核心功能模块，如账务处理、资金管理、成本控制、财务报表生成与分析、预算管理、税务管理、风险管理等。每个模块要细化到具体业务场景，如账务处理须支持多币种处理、自动对账、凭证录入与审核等，资金管理则须包括资金调度、现金流预测、融资管理等。

2.性能需求

企业要考虑系统在高并发、大数据量下的稳定运行能力，包括但不限于响应时间、吞吐量、并发用户数等指标。同时，企业要关注系统的可扩展性，以便未来业务增长时能够平滑升级。

3.安全性需求

财务金融数据的敏感性要求系统必须具备严格的安全防护措施,包括数据加密、访问控制、审计追踪、防篡改机制等,确保数据的安全性与完整性。

4.易用性与可维护性需求

良好的用户界面设计、直观的操作流程、丰富的帮助文档与在线支持,是提高用户满意度和系统使用效率的关键。同时,系统应易于维护与升级,便于技术团队快速响应业务变化。

(二)系统目标清晰设定

明确系统目标是推动项目顺利进行、确保最终成果符合预期的重要步骤。对于财务金融管理系统的构建与选型而言,目标设定应围绕以下几个核心方面展开:

1.提升财务管理效率

自动化、智能化的流程设计可以减少人工干预,缩短财务处理周期,增强财务数据的准确性和时效性。

2.优化资源配置

借助系统的数据分析与预测功能,企业可以更好地理解财务状况,合理配置资金、人力等资源,提升整体运营效率。

3.加强风险防控

企业可以通过集成风险管理模块,实时监控财务健康状况,预警潜在风险,更好地进行决策。

4.促进决策支持

多维度、可定制的财务报表与分析报告可以为管理层提供全面、深入的财务信息,辅助制定科学合理的经营策略。

二、市场需求与趋势分析

在选型过程中,深入分析市场需求与趋势是确保所选系统能够适应未来发展变化的重要环节。这包括:

(一)行业特性分析

不同行业对财务金融管理系统的需求存在差异,应结合行业特点,选择具备相应行业解决方案的系统。

(二)技术发展动态

企业应关注云计算、大数据、人工智能等前沿技术在财务管理领域的应用,选择能够支持这些技术创新的系统,以增强系统的先进性和竞争力。

(三)市场竞争格局

企业应了解市场上主流财务金融管理系统的品牌、功能、价格、服务等方面的信息,评估各系统的优劣势,更好地进行选择。

三、评估标准

在明确了系统需求与目标、分析了市场需求与趋势后,企业需要制定科学合理的评估标准。这包括:

(一)需求匹配度

企业要评估各候选系统是否能够满足企业的核心需求,特别是在功能模块、性能指标、安全性要求等方面的匹配程度。

（二）成本效益

企业要综合考虑系统的购置成本、维护成本、升级成本以及预期带来的经济效益，选择性价比最优的方案。

（三）服务商实力

企业要考察系统提供商的技术实力、市场口碑、服务支持体系等，确保系统能够长期稳定运行，能够获得及时的技术支持。

（四）可扩展性与灵活性

企业要选择具备良好可扩展性和灵活性的系统，以适应企业未来可能的业务变化和技术升级需求。

四、成本效益的综合考量

在选型过程中，成本效益的综合考量是企业必须重视的问题。

（一）初始投资评估

企业要比较各产品的价格、相关费用以及可能的定制化开发成本，确保所选产品在企业预算范围内。

（二）长期运行成本

企业要考虑系统的维护成本、升级成本以及可能产生的其他费用（如培训费、数据迁移费等），选择那些能够降低长期运行成本的产品。

（三）预期经济效益

企业要评估系统实施后可能带来的经济效益，如提升财务管理效率、优化资源配置、降低风险等。这些效益将成为选型决策的重要依据。

（四）投资回报率分析

企业要进行投资回报率分析，综合考虑系统的成本投入和预期收益，选择那些能够在较短时间内实现正回报的产品。

五、风险评估与应对策略

在选型过程中，企业不可避免地会遇到各种风险。因此，进行风险评估并制定相应的应对策略是保证选型成功的重要环节。

（一）技术风险

企业要评估所选产品的技术成熟度、稳定性以及技术更新速度，选择那些经过市场验证、技术先进且持续创新的产品。

（二）数据安全风险

企业要关注数据在传输、存储、处理过程中的安全风险，选择具备强大安全防护措施和合规性的产品，并制定数据安全管理制度和应急预案。

（三）实施风险

企业要评估系统实施过程中的难度和风险点，如数据迁移、定制化开发、用户培训等，制订详细的实施计划和风险应对方案，确保系统顺利上线。

（四）依赖风险

企业要考虑系统对外部技术或服务的依赖程度，选择那些具有自主知识产权、对外部依赖较小的产品，以降低由外部因素导致的风险。

六、系统架构设计与定制开发

（一）系统架构设计的前瞻性与灵活性

在财务金融管理系统的构建过程中，系统架构设计是基石，它决定了系统的稳定性、可扩展性和未来适应性。一个优秀的系统架构设计应当具备前瞻性与灵活性，以应对不断变化的业务需求和技术发展。

1.模块化设计

企业要采用模块化设计原则，将系统划分为多个相对独立的功能模块。每个模块负责特定的业务逻辑和数据处理，通过标准化的接口与其他模块进行交互。这种设计方式不仅降低了系统复杂度，还增强了系统的可维护性和可扩展性。

2.分层架构

企业要构建清晰的分层架构，包括用户界面层、业务逻辑层、数据访问层等。每一层都具有特定的功能，层与层之间通过明确的接口进行通信。这种分层架构有助于实现系统的松耦合，便于后续的维护和升级。

3.微服务架构

企业要考虑采用微服务架构，将大型系统拆分为一系列小型、自治的服务。每个服务独立运行，通过轻量级的通信协议进行交互。微服务架构增强了系统的可伸缩性、灵活性和容错能力，能够更好地应对复杂多变的业务需求。

4.技术选型

在系统架构设计过程中，企业要合理选择成熟、稳定且具有良好社区支持的技术栈。这包括编程语言、数据库、中间件、开发工具等。同时，企业要关注新兴技术的发展趋势，为系统未来的技术升级预留空间。

（二）定制开发的必要性与策略

虽然市场上存在众多成熟的财务金融管理系统产品，但企业往往需要根据自身特定的业务需求进行定制开发。定制开发旨在满足企业的独特需求，增强系统的适用性和竞争力。

1.需求分析

在定制开发前，企业要进行详尽的需求分析，明确企业的业务目标、流程、数据规范等。企业要通过与用户深入沟通，确保需求的全面性和准确性。

2.需求评估

企业要对收集到的需求进行评估，判断哪些需求是核心且必须实现的，哪些需求是可选或可以通过其他方式替代的。通过需求评估，企业可以优化资源配置，确保定制开发的效率和效果。

3.开发计划

企业要制订详细的开发计划，包括开发阶段划分、任务分配、时间节点等，确保开发过程有序进行，及时跟踪进度并解决遇到的问题。

4.质量控制

在定制开发过程中，企业要实施严格的质量控制措施，包括代码审查、单元测试、集成测试等，确保开发成果的质量符合企业要求。同时，企业要建立持续集成和持续部署机制，提高开发效率和交付质量。

七、系统安全性与稳定性的保证

财务金融管理系统涉及大量敏感数据和高价值业务,因此系统安全性与稳定性的保证至关重要。

(一)安全设计

在系统架构设计阶段,企业要充分考虑安全性因素,通过加密、访问控制、审计追踪等安全措施,确保数据在传输、存储、处理过程中的安全性和完整性。

(二)容灾备份

企业要建立完善的容灾备份机制,定期对系统数据进行备份和恢复测试,确保在系统发生故障或数据丢失时能够迅速恢复业务运行。

(三)性能优化

企业要通过优化系统架构、数据库设计等方式,提升系统的性能和稳定性,确保系统在高并发、大数据量等复杂场景下仍能稳定运行。

(四)安全培训与意识提升

企业要加强系统管理员和用户的安全培训和意识提升工作,提高他们对系统安全性的认识和重视程度,通过建立健全的安全管理制度和应急预案,降低人为因素导致的安全风险。

八、实施规划与上线测试

（一）实施规划的详尽性与可操作性

在财务金融管理系统的实施阶段，制订详尽且具有可操作性的实施规划是确保项目顺利推进的关键。这一规划应覆盖项目管理的各个方面，包括项目时间表、资源分配、风险管理、沟通机制等。

1. 项目时间表

企业要明确项目各阶段的时间节点和关键里程碑，如需求分析完成、系统设计完成、定制开发完成、测试阶段开始及结束等，通过详细的时间规划，确保项目按时推进，避免延误。

2. 资源分配

企业要根据项目需求，合理调配人力资源、物质资源和财务资源；明确各团队成员的职责和角色，确保人员配置合理，资源得到充分利用；同时，建立资源监控机制，及时调整资源分配，以应对项目实施过程中可能出现的变化。

3. 风险管理

企业要识别项目实施过程中可能遇到的风险，如技术难题、人员变动、资金短缺等，并制定相应的风险应对策略；通过风险预警、风险评估和风险应对等措施，降低风险对项目的影响，确保项目顺利实施。

4. 沟通机制

企业要建立项目内部的沟通机制，确保项目信息的及时传递和共享，促进团队成员之间的协作；同时，积极与用户、供应商等外部利益相关者沟通，收集反馈意见，及时调整项目方向。

（二）上线测试的全面性与严谨性

上线测试是确保财务金融管理系统稳定运行的重要环节。企业要通过全面且严谨的测试，发现并修复系统中存在的问题，增强系统的可靠性和稳定性。

1.测试计划

企业要制订详细的测试计划，包括测试目标、测试范围、测试方法、测试环境等，确保测试工作有序进行，覆盖所有关键功能和业务流程。

2.测试用例设计

企业要根据系统需求和功能设计测试用例，确保每个测试用例都能有效验证系统的某个方面或功能，通过设计多样化的测试用例，提高测试的全面性和覆盖率。

3.自动化测试

企业要引入自动化测试工具和技术，提高测试效率和准确性，通过编写自动化测试脚本，对系统进行持续集成和持续测试，及时发现并修复问题。

4.性能测试

企业要对系统进行性能测试，评估系统在高并发、大数据量等复杂场景下的性能和稳定性，通过模拟实际业务场景进行测试，确保系统能够满足企业的业务需求。

九、用户培训与文档编写

在系统上线前，对用户进行系统的培训，并编写详细的用户文档，是确保用户能够顺利使用系统的关键步骤。

（一）用户培训

企业要根据用户的实际需求和使用习惯，制订有针对性的培训计划；通过现场培训、在线指导等多种方式，帮助用户熟悉系统功能和操作流程；建立用户答疑和反馈机制，及时解决用户在使用过程中遇到的问题。

（二）用户文档编写

企业要编写详尽的用户文档，包括系统安装指南、操作手册、常见问题解答等，确保用户能够随时查阅文档，解决遇到的问题。文档应简洁明了、图文并茂，便于用户理解和操作。

（三）文档更新与维护

随着系统的不断升级，企业要及时更新和维护用户文档，确保文档内容与实际系统保持一致，为用户提供准确、可靠的参考信息。

十、上线后的支持与维护

在系统上线后，提供持续的支持与维护服务是确保系统稳定运行和不断优化的重要保障。

（一）技术支持

企业要建立技术支持团队，为用户提供及时的技术支持和问题解决服务；通过电话、邮件、在线聊天等多种方式，快速响应用户需求，解决用户在使用过程中遇到的问题。

（二）系统监控

企业要建立系统监控机制，对系统运行状态进行实时监控和预警。通过监控系统的性能指标、日志信息等，企业可以及时发现并处理潜在问题，确保系统稳定运行。

（三）定期维护与升级

企业要定期对系统进行维护和升级，修复已知的漏洞，优化系统性能和用户体验；同时，关注新技术和新应用的发展动态，及时将新技术融入系统中，提升系统的竞争力和适应性。

（四）用户意见收集与系统优化

企业要建立用户意见收集机制，积极收集用户的意见；通过定期调研、用户访谈等方式，了解用户对系统的满意度和需求变化；根据用户的意见，对系统进行持续优化，提升用户满意度和忠诚度。

第二节　数据分析与智能决策支持

一、构建数据分析平台

（一）数据分析平台架构设计

在构建面向财务金融管理的数据分析平台时，首要任务是设计一套高效、可扩展且安全的系统架构。这一架构要深度融合大数据、云计算、人工智能等先进技术，以确保能够处理海量、高维度的财务数据，并快速响应复杂的分析需求。平台架构设计应围绕数据采集、数据存储、数据处理、数据分析及可视化展示五大核心环节展开。

1.数据采集层

数据采集层应支持多样化的数据源接入，包括但不限于企业资源计划（enterprise resource planning, ERP）系统、客户关系管理（customer relationship management, CRM）系统、外部市场数据、宏观经济数据等，确保数据的全面性和时效性。

2.数据存储层

数据存储层采用分布式数据库和大数据存储解决方案，以应对PB级数据量的存储需求，并保证数据的高可用性和容错性。

3.数据处理层

数据处理层通过数据清洗、转换、整合等预处理步骤，提升数据质量，为后续分析奠定坚实基础。同时，引入流处理技术，实现对实时财务数据的快速处理，满足即时分析需求。

4.数据分析层

数据分析层融合统计学、机器学习、深度学习等算法，构建财务预测模型、风险评估模型、成本效益分析模型等，为智能决策提供科学依据。此外，通过自然语言处理技术，平台还能理解并响应非结构化财务文本信息，拓宽分析维度。

5.可视化展示层

可视化展示层将复杂的分析结果以直观、易懂的图表形式呈现给决策者，助力其快速洞察业务趋势，做出精准决策。

（二）数据安全与隐私保护

在财务金融管理领域，数据安全与隐私保护是构建数据分析平台不可忽视的重要环节。随着数据量的爆炸性增长，如何确保数据在传输、存储、处理过程中的安全性，防止数据泄露、篡改或非法访问，成为平台设计必须面对的挑战。

首先，企业要实施严格的数据访问控制策略，采用基于角色或属性的访问控制机制，确保只有授权用户才能访问特定数据。

其次，企业要利用加密技术保护数据传输和存储过程的安全，包括使用SSL/TLS协议加密数据传输，以及采用AES等算法加密存储数据；建立数据脱敏与匿名化处理机制，对敏感信息进行去标识化处理，减少数据泄露风险；同时，实施全面的安全审计与监控，记录并分析所有访问行为，及时发现潜在的安全威胁。

最后，企业要制定完善的数据安全管理制度和应急预案，明确数据安全责任，加强员工安全意识培训，确保在数据安全事件发生时能够迅速响应，降低损失。

（三）智能决策支持系统的构建

智能决策支持系统是数据分析平台的核心价值体现，它通过集成先进的算法模型和智能化分析工具，辅助决策者做出更加科学、合理的决策。在财务金融管理领域，智能决策支持系统应具备以下几个关键功能：

1.预测分析

智能决策支持系统应利用时间序列分析、机器学习等算法，对企业未来的财务状况、市场趋势进行预测，为长期规划提供数据支持。

2.风险评估

智能决策支持系统应构建风险评估模型，对投资项目、信贷业务等进行全面评估，识别潜在风险点，并给出风险防控建议。

3.成本效益分析

智能决策支持系统应通过成本收益分析模型，评估不同业务方案的经济效益，为资源优化配置提供决策依据。

4.异常检测

智能决策支持系统应利用数据挖掘技术，自动识别财务数据中的异常波动或异常行为，及时发出预警信号。

5.策略优化

智能决策支持系统应结合历史数据与当前市场情况，动态调整投资策略、融资策略等，实现资产的最优配置和收益最大化。

（四）持续优化与迭代

数据分析平台的建设不是一蹴而就的，而是一个持续优化与迭代的过程。随着技术的不断进步和业务需求的不断变化，平台需要不断引入新技术、新方法，以适应新的挑战。

首先，平台要建立反馈机制，定期收集用户意见，并将其作为后续优化的依据。其次，平台要加强技术研发，跟踪行业动态和技术前沿，及时将新技术应用于平台升级中，提升平台的性能。同时，平台要注重数据管理和质量管理，确保数据的准确性和一致性，为分析结果的可靠性提供保障。最后，平台要建立持续学习与培训机制，提升团队成员的技术能力和业务素养，为平台的持续优化与迭代提供有力的人才支持。

二、挖掘财务数据价值

（一）财务数据深度洞察能力

在财务金融管理领域，挖掘财务数据的价值首先要具备深度洞察能力。这意味着不仅要理解数据所传达的表面信息，更要透过数据表象，洞察背后的业务逻辑、市场趋势及潜在风险。为了实现这一目标，企业需要构建一套全面、细致的数据分析框架，该框架应涵盖财务报表分析、比率分析、趋势分析等多个维度。

财务报表分析是基础，通过对资产负债表、利润表、现金流量表等核心报表的深入分析，可以了解企业的资产结构、盈利能力、现金流状况等关键财务指标。但仅停留于此还远远不够，还需要进一步运用比率分析，如流动比率、速动比率、资产负债率等，来评估企业的偿债能力、运营效率及盈利能力。同时，要结合趋势分析，观察各项指标随时间的变化情况，揭示企业的成长潜力和未来走向。

（二）多维度数据关联分析

财务数据并非孤立存在，它们与企业的各个业务环节紧密相连、相互影响。因此，要想挖掘财务数据价值，企业就要具备多维度数据关联分析的能力。这要求企业在收集财务数据的同时，注重收集非财务数据，如市场数据、客户数据、运营数据等，并将这些数据与财务数据相结合，进行跨领域、跨部门的综合分析。

企业通过多维度数据关联分析，可以发现财务数据背后的业务逻辑和驱动因素，掌握不同业务环节之间的内在联系，例如：通过分析销售数据与财务数据的关系，可以了解销售策略对利润的贡献程度；通过分析库存数据与财务数据的关系，可以评估库存管理效率对现金流的影响。这种分析有助于企业更全面地把握经营状况，制定更加精准的发展策略。

（三）预测模型与场景模拟

为了更好地应对未来的不确定性，企业还应利用财务数据构建预测模型和进行场景模拟。预测模型基于历史数据和当前趋势，运用统计学、机器学习等算法，对企业未来的财务状况进行预测。这些预测结果可以为企业制订长期规划并制定投资决策等提供重要参考。

同时，场景模拟也是挖掘财务数据价值的重要手段。通过设定不同的业务场景和假设条件，模拟不同决策方案对企业财务状况的影响，企业可以评估不同策略的可行性和风险。场景模拟有助于企业在复杂多变的市场环境中做出更加稳健和灵活的决策。

（四）数据驱动的文化与组织变革

挖掘财务数据价值还需要企业进行数据驱动的文化和组织变革。这意味着企业要从上至下树立数据意识，将数据作为决策的重要依据和核心资产；同时要打破部门壁垒，促进数据共享和协作，形成跨部门的数据分析团队或中心，共同挖掘数据价值。

此外，企业还需要不断投入资源，提升数据分析能力。同时，企业要建立数据治理体系，确保数据质量、安全性和合规性，为数据分析提供有力保障。

通过数据驱动的文化和组织变革，企业可以充分利用财务数据，推动业务创新和发展。在这个过程中，财务金融管理部门将扮演重要角色，成为连接业务与数据的桥梁和纽带。

三、智能预测与风险预警

（一）智能预测技术的融合与应用

在财务金融管理领域，智能预测技术是实现精准决策与风险防控的关键。这一技术融合了机器学习、深度学习、时间序列分析等先进算法，能够基于历史财务数据及外部市场数据，自动学习并识别数据中的规律和趋势，进而对未来财务状况进行高精度预测。

智能预测技术的应用范围广泛，包括但不限于销售预测、成本预测、现金流预测、利润预测等。通过构建预测模型，企业可以提前了解未来一段时间内的业务表现，为制订经营计划、调整投资策略提供有力支持。同时，智能预测技术还能帮助企业识别潜在的市场机会和威胁，为战略决策提供数据支撑。

为了实现智能预测技术的有效融合与应用，企业需要加强数据基础设施建设，确保数据的完整性、准确性。此外，企业还需要不断优化预测模型，提高预测精度和鲁棒性。同时，加强跨部门协作，促进数据共享与业务融合，也是推动智能预测技术落地应用的重要保障。

（二）风险预警系统的构建与优化

风险预警系统是财务金融管理数据分析与智能决策支持的重要组成部分。该系统通过实时监控财务数据及市场变化，运用数据挖掘、模式识别等技术手段，自动识别潜在风险点，并提前发出预警信号，帮助企业及时采取措施防范风险。

风险预警系统的构建需要遵循全面性、准确性和时效性的原则。全面性要求系统能够覆盖企业所有的重要业务领域和关键环节；准确性要求系统能够准确识别风险类型；时效性则要求系统能够迅速响应市场变化，及时发出预警信号。

为了优化风险预警系统，企业要不断引入新技术、新方法，提升系统的智能化水平，例如：利用自然语言处理技术分析财经新闻等非结构化数据，以获取更多的风险信息；运用图数据库技术构建企业关系网络，以识别供应链、客户链等的潜在风险点。同时，企业还要加强风险预警与业务决策的深度融合。

（三）智能决策支持系统的集成与协同

智能决策支持系统是将智能预测与风险预警技术集成于一体的综合平

台。该系统通过整合企业内部和外部的数据资源，运用先进的数据分析技术和算法模型，为企业提供全方位的决策支持服务。

智能决策支持系统的集成要注重数据的统一管理和共享，通过建立统一的数据标准和接口规范，实现不同系统之间的数据互联互通；同时，要加强数据治理和质量控制，确保数据的准确性和可靠性；此外，还要注重系统的可扩展性和灵活性，以应对未来业务发展和技术变革的需求。

在协同方面，智能决策支持系统要与企业的业务流程和管理体系深度融合，通过嵌入企业的日常运营中，实现决策支持服务的实时化和个性化。同时，加强跨部门协作和沟通，促进信息共享和资源整合，形成协同作战的合力是十分必要的。

（四）持续学习与迭代优化

智能预测技术与风险预警系统的发展和应用是一个持续学习和迭代优化的过程。企业需要不断引入新技术、新方法以提升系统的智能化水平和决策支持能力；建立完善的反馈机制和评估体系，对智能预测技术与风险预警系统的应用效果进行定期评估和反馈；通过收集用户反馈和业务数据，分析系统的优势和不足，制定有针对性的优化方案；加强与其他企业和研究机构的交流合作，共同推动智能预测技术与风险预警系统的发展和应用。

总之，智能预测与风险预警作为财务金融管理数据分析与智能决策支持的重要组成部分，其发展和应用对提升企业的决策效率和风险防控能力具有重要意义。企业需要加强技术创新和人才培养，推动智能预测技术与风险预警系统的深度融合与应用，为企业的可持续发展提供有力保障。

四、辅助管理层决策制定

（一）数据驱动的决策文化建设

在辅助管理层决策制定的过程中，首要任务是建设一种数据驱动的决策文化。这意味着企业需要从上至下转变观念，将数据分析与智能决策视为企业管理的核心驱动力。管理层应率先垂范，积极学习和应用数据分析工具与方法，树立以数据为依据的决策理念。

为了建设这种文化，企业可以通过组织培训、研讨会等形式，提升全体员工的数据素养和分析能力。同时，企业可以建立数据驱动的激励机制，鼓励员工在日常工作中主动收集、分析数据，为决策提供支持。此外，企业还应加强跨部门沟通与协作，打破信息孤岛，促进数据资源的共享与整合，为管理层提供全面、准确的数据支持。

（二）定制化决策支持系统的构建

每个企业的业务模式、管理风格及决策需求各不相同。因此，在辅助管理层决策制定的过程中，构建定制化的决策支持系统至关重要。该系统应基于企业的实际需求，集财务分析、市场预测、风险评估等多种功能于一体，为管理层提供个性化、精准化的决策支持。

定制化决策支持系统的构建需要充分考虑企业的业务特点和决策流程，明确决策支持系统的目标和需求；同时，结合先进的数据分析技术和算法模型，设计符合企业实际的系统架构和功能模块。在系统开发过程中，企业要注重用户体验和交互设计，确保系统易用、高效。

（三）实时数据监控与快速响应机制的建立

在快速变化的市场环境中，管理层需要实时掌握企业的财务状况和市场动态，以便迅速调整策略、应对风险。因此，建立实时数据监控与快速响应机制是辅助管理层决策制定的关键环节。

实时数据监控要求企业建立高效的数据采集、处理和分析体系，确保数据的准确性和时效性；通过实时监测关键指标的变化情况，及时发现潜在问题和风险点；同时，建立快速响应机制，确保管理层在发现问题后能够迅速做出决策并采取相应的措施。这包括制定应急预案、明确责任分工、优化决策流程等。

（四）决策效果评估与持续优化

辅助管理层决策制定的最终目的是提升企业的决策效率和效果。因此，对决策效果进行评估并持续优化是不可或缺的环节。企业应通过收集决策执行过程中的数据和反馈信息，对决策效果进行全面、客观的评估；分析决策成功或失败的原因，总结经验教训，为未来的决策提供参考。在持续优化方面，企业应关注数据分析技术的最新发展动态，及时引入新技术、新方法以提升决策支持系统的智能化水平，优化决策效果；同时，加强与管理层的沟通与合作，根据企业的实际需求和反馈意见对决策支持系统进行持续优化；此外，建立长效的决策效果评估机制，确保决策支持系统的持续优化和迭代升级。

综上所述，辅助管理层决策制定是财务金融管理数据分析与智能决策支持的重要目标之一。通过建设数据驱动的决策文化、构建定制化决策支持系统、建立实时数据监控与快速响应机制以及决策效果评估与持续优化等措施的实施，企业可以提升管理层的决策效率，优化管理层的决策效果，为企业的可持续发展提供有力保障。

第三节　信息安全与风险管理

一、识别信息安全风险

（一）财务金融管理信息安全风险概述

在财务金融管理领域，信息安全风险是指可能威胁到财务信息完整性、保密性、可用性及合规性的各种潜在因素。随着信息技术的飞速发展，金融交易日益电子化、网络化，信息安全风险也随之复杂化、多样化。这些风险不仅关乎企业的财务健康与声誉，更直接影响到客户的资金安全与隐私保护。因此，深入理解和识别财务金融管理中的信息安全风险，是构建稳固防御体系、保证业务连续性的基石。

1.技术层面的风险不容忽视

技术层面的风险包括但不限于系统漏洞、恶意软件（如病毒、木马）、黑客攻击等，它们可能通过非法入侵、数据篡改、窃取敏感信息等手段，对财务系统造成直接损害。此外，技术更新迭代迅速，旧系统若未能及时升级维护，则可能成为安全漏洞的温床。

2.管理层面的风险同样关键

管理不善，如权限分配不当、安全策略执行不力、员工安全意识淡薄等，都可能为信息安全埋下隐患。例如：过度授权可能导致敏感数据被未经授权的人员访问；安全培训缺失则可能使员工成为无意中的"内鬼"，泄露重要的信息。

3.操作层面的风险亦须警惕

人为错误，如误操作、误删数据等，虽非恶意，但同样能造成严重后果。同时，业务流程中的薄弱环节，如数据传输过程中的加密不足、备份恢复机制不健全等，也可能增加信息安全风险。

4.外部环境的变化也是信息安全风险的重要来源

法律法规的更新、行业标准的提升、竞争对手的恶意竞争等，都可能对财务金融管理的信息安全提出新的挑战。因此，保持对外部环境的敏锐洞察，及时调整安全策略，是应对此类风险的关键。

（二）财务金融管理信息安全风险评估

信息安全风险评估是识别、分析并量化潜在风险的过程，旨在为制定有效的风险管理措施提供科学依据。在财务金融管理领域，风险评估应围绕以下几个方面展开：

1.资产识别与评估

企业首先要明确哪些财务信息资产是关键的、需要保护的，包括财务数据、客户资料、交易记录等，评估这些资产的价值、敏感性及面临的威胁程度。

2.威胁分析

企业要识别可能威胁到财务信息安全的各种因素，包括技术威胁（如黑客攻击）、管理威胁（如内部欺诈）、自然威胁（如灾害）等，并分析其发生的可能性和影响程度。

3.弱点评估

企业要检查财务系统、网络架构、安全策略等方面存在的弱点，评估这些弱点被威胁利用的可能性。

4.风险计算与排序

企业要结合资产价值、威胁和弱点，计算每项风险的发生概率和影响程度，进而对风险进行排序，确定优先处理的风险项。

5.风险应对策略制定

企业要针对评估结果，制定有针对性的风险应对策略，包括风险规避、减轻、转移等，确保风险得到有效控制。

（三）财务金融管理信息安全风险防控措施

企业要针对识别出的信息安全风险，采取一系列防控措施，构建多层次的防御体系：

1.加强技术防护

企业要采用先进的加密技术保护数据传输和存储安全；部署防火墙、入侵检测系统等技术手段，防范外部攻击；定期更新系统补丁，修复已知漏洞。

2.完善管理制度

企业要建立健全信息安全管理制度，明确岗位职责和权限分配；加强员工安全培训，提升全员安全意识；实施严格的访问控制和审计机制，确保操作合规。

3.优化操作流程

企业要简化业务流程，减少人为干预环节；实施数据备份与恢复策略，确保数据在意外情况下能够迅速恢复；加强对第三方服务提供商的安全管理，防范供应链风险。

4.持续监控与响应

企业要建立信息安全监控体系，实时监测网络异常和潜在威胁；制定应急预案，确保在发生安全事件时能够迅速响应、有效处置。

（四）财务金融管理信息安全风险管理的持续改进

信息安全风险管理是一个动态、持续的过程，需要随着技术发展、业务变化及外部环境调整而不断优化。为此，企业应建立信息安全风险管理的长效机制：

1.定期复审与评估

企业要定期对信息安全风险进行复审和评估，及时发现新的风险点和变化因素，调整风险管理策略。

2.引入新技术与新方法

企业要关注信息安全领域的新技术、新方法，如人工智能、大数据分析等，探索其在风险识别、预警和应对中的应用。

3.加强跨部门协作

信息安全风险管理涉及多个部门和领域，企业需要建立跨部门协作机制，共同应对信息安全挑战。

4.培养专业人才

企业要加强信息安全专业人才队伍建设，提升团队的专业技能和应急处理能力，为信息安全风险管理提供有力支撑。

二、建立安全防护体系

（一）构建多层次防御架构

在财务金融管理领域，建立安全防护体系的首要任务是构建一套多层次、全方位的防御架构。这一架构应涵盖物理安全、网络安全、系统安全、数据安全及应用安全等多个层面，形成层层递进、相互补充的防护网。

1.物理安全层面

企业需要确保数据中心、服务器机房等关键设施的物理环境安全，包括防火、防水、防雷击、防盗窃等措施，以及访问控制、监控系统的部署，防止未经授权的物理访问。

2.网络安全层面

企业要通过部署防火墙、入侵检测系统，运用网络隔离技术等手段，对进出网络的数据包进行过滤和监控，及时发现并阻止潜在的网络攻击；同时，采用虚拟专用网络技术保证远程访问的安全性，以及数据传输过程的机密性和完整性。

3.系统安全层面

企业要注重操作系统、数据库等基础软件的安全配置与更新，定期进行漏洞扫描和修补，防止系统被恶意利用；此外，实施严格的访问控制策略，确保用户只能访问其权限范围内的资源。

4.数据安全层面

企业要采用加密技术对数据进行保护，无论数据处于存储状态还是在传输过程中，企业都应确保数据的安全；同时，建立数据备份与恢复机制，以确保数据丢失或损坏时能够迅速恢复；此外，还应加强数据使用过程中的审计和监控，防止数据泄露和滥用。

5.应用安全层面

企业要针对财务金融管理的具体业务应用，进行安全需求分析，制定相应的安全措施，例如：对交易系统进行身份认证和授权管理，确保交易的真实性和合法性；对财务软件进行代码审计和漏洞修复，防止软件缺陷被利用而受到攻击。

（二）完善安全管理制度与流程

安全防护体系的建立离不开完善的安全管理制度与流程。企业应制定全面的信息安全管理制度，明确信息安全管理的目标、原则、职责和流程，为信息安全工作提供制度保障。

管理制度应涵盖信息安全策略、安全标准、安全操作规程等多个方面。信息安全策略是企业信息安全管理的总纲，明确了信息安全管理的总体要求和方向；安全标准是对各项安全工作的具体规定和要求；安全操作规程则是指导员工如何进行安全操作的详细步骤和方法。

在管理流程方面，企业应建立信息安全风险评估、监测预警、应急响应和持续改进等机制。企业要通过定期的风险评估发现潜在的安全威胁和漏洞；

通过监测预警系统实时监控网络环境和系统状态的变化情况；通过应急响应机制在发生安全事件时迅速采取措施，减少损失；通过持续改进机制不断优化安全防护体系，提高安全防护能力。

（三）提升人员安全意识与技能

人是信息安全防护体系中最薄弱的环节之一。因此，提升人员的安全意识与技能是建立安全防护体系的重要一环。企业应加强对员工的信息安全培训和教育，提高员工对信息安全重要性的认识和重视程度。

培训内容应包括信息安全基础知识、安全操作规程、安全威胁识别与应对等方面。企业应通过培训使员工了解信息安全的基本概念和原则，掌握安全操作的方法和技巧，提高识别和应对安全威胁的能力。

此外，企业还应建立健全的信息安全责任制度和奖惩机制，将信息安全责任落实到每个岗位和每个人身上，通过明确的责任划分和奖惩措施激发员工参与信息安全工作的积极性和主动性，营造全员参与信息安全防护的良好氛围。

（四）加强合作与共享

在信息化时代，财务金融管理领域的信息安全威胁日益复杂化和全球化。因此，加强合作与共享是建立安全防护体系的必然选择。

企业应积极与政府部门、行业协会、安全厂商等各方建立合作关系，共同应对信息安全挑战，通过共享威胁情报、交流防护经验和技术手段提高整体安全防护水平。

同时，企业应加强与客户的沟通和合作，维护客户的信息安全，通过向客户宣传信息安全知识、提供安全解决方案和服务，增强客户对信息安全的信心，提高客户的满意度。

此外，企业还应注重与供应链上下游企业的合作，通过建立供应链安全管理制度和流程，加强对供应链企业的安全评估和监控，确保供应链的稳定和安全。

三、定期进行安全审计

（一）定期进行安全审计的重要性

在财务金融管理领域，信息安全不仅关乎企业的财务稳定与业务连续性，更直接影响到客户的资金安全与隐私保护。因此，定期进行安全审计，是确保信息安全防护措施有效执行、及时发现并纠正潜在安全问题的关键步骤。这一过程不仅能够帮助企业了解自身信息安全的真实状况，还能为制定和调整安全策略提供科学依据，从而不断提升信息安全防护水平。

安全审计的重要性在于其全面性和客观性。专业的审计团队运用科学的方法和工具，对企业的信息安全管理体系进行全面检查，能够发现日常管理中可能忽视的问题。同时，审计结果客观反映了企业的信息安全状况，为管理层决策提供了有力支持。

（二）制订详细的审计计划与流程

为确保安全审计工作的有序进行，企业需要制订详细的审计计划与流程。这包括明确审计目标、范围、时间表和责任人等要素，确保审计工作的全面性和针对性。审计计划应充分考虑企业的实际情况和业务特点，确保审计内容与企业信息安全需求相契合。

审计流程包括准备阶段、实施阶段、报告阶段和整改阶段。准备阶段的工作主要是确定审计目标、组建审计团队、收集相关资料等；实施阶段的工作主要是按照审计计划进行现场检查、测试和分析；报告阶段的工作主要是整理审计结果、编制审计报告并提出改进建议；整改阶段的工作则是督促相关部门按照审计建议进行整改落实。

(三) 实施全面的安全审计

安全审计的内容应涵盖企业信息安全的各个方面，包括物理安全、网络安全、系统安全、数据安全、应用安全以及安全管理等。

在物理安全方面，审计团队应关注数据中心、服务器机房等关键设施的物理环境安全状况；在网络安全方面，应关注网络架构的安全性、防火墙和入侵检测系统的有效性等；在系统安全方面，要关注操作系统、数据库等基础软件的安全配置与更新情况；在数据安全方面，应检查数据加密、备份与恢复机制的落实情况；在应用安全方面，应关注业务应用的安全需求和防护措施是否到位；在安全管理方面，则应评估安全管理制度的完善性和执行情况。

在审计过程中，审计团队应采用多种方法和技术手段，如访谈、问卷调查、现场检查、渗透测试等，以获取全面、准确的审计证据。

(四) 加强审计结果的应用与持续改进

安全审计的最终目的是推动企业信息安全管理的持续改进。因此，企业应高度重视审计结果的应用与整改工作。对在审计中发现的问题，相关部门应及时制订整改计划并付诸实施。同时，企业应建立跟踪检查机制，确保整改措施得到有效执行并取得预期效果。企业还应将审计结果作为制定和调整信息安全策略的重要依据。通过定期的安全审计工作，企业可以不断总结经验教训、优化安全管理流程、提升安全防护能力。此外，企业还应加强与外部安全机构的合作与交流，借鉴行业最佳实践和技术创新成果，推动自身信息安全管理水平的持续提升。

总之，定期进行安全审计是财务金融管理信息安全与风险管理的重要环节。通过制定详细的审计计划与流程、实施全面的安全审计以及加强审计结果的应用与持续改进，企业可以不断提升自身的信息安全防护水平，确保财务金融管理的稳健运行。

四、制订应急响应计划

（一）应急响应计划的核心价值与紧迫性

在财务金融管理领域，信息安全风险如影随形，如数据泄露、系统瘫痪、网络攻击等。信息安全风险带来的后果往往难以估量，不仅可能损害企业声誉，还可能造成重大经济损失甚至法律纠纷。因此，制订一套全面、高效的应急响应计划，对快速应对信息安全事件、减轻损失、恢复业务至关重要。

应急响应计划的核心价值在于其能够为企业提供一套标准化的操作流程和应对策略，确保企业在信息安全事件发生时能够迅速、有序地采取行动，最大限度地降低风险。

紧迫性则体现在信息安全事件的突发性和不可预测性上。面对复杂多变的网络环境，企业必须时刻保持警惕，提前做好应急准备，以免在突发事件面前手足无措。因此，制订应急响应计划不仅是一项必要的安全管理措施，更是一项紧迫的任务。

（二）制定应急响应计划时需考虑的要素

制订一套有效的应急响应计划，企业需要综合考虑多个要素。首先，企业要明确应急响应的组织架构和职责分工，确保在事件发生时能够迅速组建应急响应团队，并明确各成员的角色和职责。其次，企业要制订详细的应急响应流程，包括事件发现、报告、评估、处置和恢复等各个环节，确保每个环节都有明确的操作指南和时间要求。最后，企业还需要建立应急通信机制，确保在事件发生时能够迅速传递信息、协调行动。同时，企业还应建立应急预案库，针对不同类型的信息安全事件制定相应的应急预案，以便在事件发生时能够迅速调用。

（三）应急演练与持续优化

应急响应计划的有效性需要通过实际演练来验证。企业应定期组织应急演练活动，模拟真实的信息安全事件场景，检验应急响应计划的可行性和有效性。通过演练，企业可以发现计划中存在的问题，并及时进行修改和完善。此外，企业还应当关注信息安全领域的新动态和新技术发展趋势，及时调整和优化应急响应计划的内容和方法，确保其与企业的实际情况和外部环境相适应。

（四）应急响应计划的宣传与培训

应急响应计划的制定和执行不仅仅是 IT 部门或安全团队的责任，需要全体员工共同参与和努力。因此，企业应加强对员工的应急响应宣传和培训，提高员工对信息安全重要性的认识和重视程度。企业要通过宣传和培训活动，使员工了解应急响应计划的基本内容和操作流程，掌握应急响应的基本技能和知识，提高员工在信息安全事件中的应对能力和自我保护能力。同时，企业还应鼓励员工积极参与应急响应工作，营造全员参与、共同维护信息安全的良好氛围。

第四节　信息化推动的财务流程优化

一、流程梳理与评估

随着信息技术的飞速发展，企业信息化已成为提升管理效率、增强竞争力的关键途径。在财务领域，传统的手工或半自动化财务流程已难以满足现代企业管理对高效、准确、透明的需求。因此，通过信息化手段推动财务流程优化，成为企业转型升级的必然选择。财务流程优化不仅能够显著提升财务工作效率，减少人为错误，还能加强内部控制，增强数据的准确性，为管理层提供更加精准的决策支持。此外，优化后的财务流程还能更好地适应市场变化，增强企业的应变能力和竞争力。

在进行财务流程优化之前，企业首先需要对现有财务流程进行全面梳理。这一过程旨在深入了解当前财务流程的运行状况、存在的问题以及潜在的改进空间。梳理工作应涵盖财务流程的各个环节，包括账务处理、报表编制、资金管理、成本控制等，并关注流程中的关键节点和瓶颈环节。通过分析，企业可以识别出流程中的冗余步骤、信息不对称等问题，为后续的流程优化提供明确的方向和目标。

信息化技术在财务流程优化中发挥着至关重要的作用。通过引入先进的财务管理软件、ERP 系统、大数据分析技术等，企业可以实现财务流程的自动化、智能化和集成化，例如：利用 ERP 系统可以整合企业资源，实现财务与业务的一体化管理；利用大数据分析技术，可以对财务数据进行深度挖掘和分析，为管理层提供更加精准的预测和决策支持。此外，云计算、人工智能等技术的应用也为财务流程优化提供了新的思路和解决方案。这些技术的应用不仅提高了财务工作的效率和质量，还降低了企业的运营成本，提升了企业的整体竞争力。

财务流程优化不可能一蹴而就，它是一个持续迭代、不断完善的过程。因此，在优化完成后，企业需要对新流程的效果进行全面评估。评估内容应包括流程效率的提升程度、数据准确性的提高情况、内部控制的加强效果以及员工满意度等方面。通过评估结果，企业可以了解新流程的实际运行状况，发现存在的问题，并据此制定进一步的改进措施。同时，企业还应建立长效的监控机制，对新流程进行持续跟踪和评估，确保流程优化的成果得以巩固。此外，随着企业内外部环境的变化和技术的不断进步，企业还应保持对财务流程优化的敏感性和前瞻性，及时调整和优化流程以适应新的需求和挑战。

二、自动化与标准化改造

在信息化推动的财务流程优化中，自动化改造是至关重要的一环。随着企业规模的扩大和业务复杂度的提升，传统的手工或半自动化财务处理方式已逐渐显现出效率低下、错误率高、成本高等弊端。因此，实施财务流程的自动化改造显得尤为迫切。自动化改造通过引入先进的财务软件和工具，能够自动完成大量重复性高、烦琐的任务，如数据录入、账单核对、报表生成等，从而显著提高工作效率，降低人力成本，减少人为错误。此外，自动化还能提升数据的准确性，为管理层提供更加及时、可靠的决策依据。

标准化改造是财务流程优化的另一个重要方向。标准化意味着将财务流程中的各个环节和输出结果进行统一和规范，确保流程的一致性和可预测性。标准化改造的重要性在于它能够提高财务工作的规范性和透明度，减少由操作差异导致的错误和争议。同时，标准化还能促进企业内部不同部门之间的沟通与协作，提升整体运营效率。实施标准化改造的路径包括制定详细的财务流程标准、建立统一的数据处理规范、对员工进行培训以使其掌握标准化操作技能等。通过这些措施，企业可以逐步建立起一套科学、合理、高效的财务流程标准体系。

在财务流程优化过程中，自动化与标准化并非孤立的两项工作，而是相互依存、相互促进的。自动化为标准化提供了技术支撑和实现手段，而标准化则为自动化提供了明确的规范和指导。因此，企业在进行财务流程优化时，应注重自动化与标准化的有机融合。在具体实践中，企业可以通过定制化的财务软件系统，将标准化的财务流程嵌入系统中，实现流程的自动化执行和监控。同时，企业还可以利用大数据分析技术等，对财务流程进行持续优化，推动自动化与标准化的深度融合和协同发展。

三、端到端流程整合

在信息化推动的财务流程优化中，端到端流程整合是一个核心策略，它强调将原本分散、独立的财务流程环节无缝连接起来，形成一个连贯、高效的整体。这一策略的提出，旨在打破传统财务流程中的信息孤岛和壁垒，实现数据的实时共享与流转，从而提升财务流程的协同效率和响应速度。端到端流程整合不仅关注财务内部各环节的衔接，还注重财务与业务、采购、销售等其他部门之间的紧密配合，以实现企业资源的优化配置和整体效益的最大化。

实现端到端流程整合需要企业从多个方面入手，采取一系列措施。首先，企业需要对现有财务流程进行全面梳理，识别出流程中的断点、瓶颈和冗余环节，为整合工作提供清晰的蓝图。其次，企业需要借助信息化手段，如ERP系统、财务管理软件等，构建统一的财务信息平台，实现数据的集中管理和实时共享。最后，企业还需要对财务流程进行模块化设计，将复杂的流程分解为若干个相对独立的子流程，以便后续的整合和优化。在整合过程中，企业还需要注重流程的标准化和规范化建设，确保各环节之间的顺畅衔接和高效运行。

端到端流程整合将为企业带来深远的变革：一方面，它将显著提升财务流程的协同效率和响应速度，使企业能够更加灵活地应对市场变化和客户需求；另一方面，整合后的财务流程将实现数据的全面、准确和实时采集，为管理层提供更加精准、可靠的决策支持。然而，端到端流程整合也面临着一系列挑战：首先，在整合过程中需要协调多个部门和团队的利益和需求，可能存在一定的困难；其次，整合后的财务流程需要得到全体员工的认可和支持，才能确保顺利实施；最后，随着技术的不断进步和业务的快速发展，整合后的财务流程还需要持续进行优化。

为了保持财务流程的持续优化和竞争力，企业需要制定面向未来的端到端流程整合策略。首先，企业应保持对新技术和新方法的敏锐洞察和积极应用，不断引入先进的信息化工具和手段来推动流程整合的深化。其次，企业应加强与外部合作伙伴的沟通与合作，共同探索和实践新的流程整合模式。同时，企业还应注重内部人才的培养，建立一支具备跨领域、跨职能能力的复合型人才队伍，为流程整合提供有力的人才保障。最后，企业应建立健全的流程监控和评估机制，对整合后的财务流程进行定期评估和持续优化，确保流程的高效、稳定和可持续发展。通过这些策略的实施，企业可以不断提升财务流程的协同效率和响应速度，为企业的长远发展奠定坚实基础。

第八章　企业财务金融管理创新与持续改进

第一节　企业财务金融管理理念与模式创新

一、从核算型向管理型转变

在当今复杂多变的经济环境中，企业财务管理的角色正经历着深刻的变革，其核心转变之一便是从传统的核算型向现代的管理型迈进。这一转变不仅是职能上的升级，更是理念上的飞跃，它要求财务部门从单纯的数据记录与报告者转变为企业战略决策的重要参与者和推动者。

核算型财务部门主要聚焦于历史数据的收集、整理与呈现，通过财务报表反映企业过去的经营状况。然而，随着市场竞争的加剧和信息技术的飞速发展，企业迫切需要更具前瞻性的财务分析和预测能力，以支持其战略规划和日常运营决策。管理型财务部门则在此基础上，进一步强调对数据的深度挖掘与分析，运用管理会计工具如全面预算管理、成本控制、业绩评价等，为管理层提供决策支持，优化资源配置，促进价值创造。

为实现这一转变，财务部门需要不断提升自身的专业素养和综合能力，包括加强财务与业务的融合，深入理解企业运营流程，掌握先进的财务管理软件和技术，以及培养跨部门的沟通与协作能力。同时，企业还需要构建以价值创造为核心的管理会计体系，将财务管理融入企业管理的各个环节，实现财务与业务的深度融合，共同推动企业持续健康发展。

二、树立价值创造导向

在财务管理领域，树立价值创造导向是引领企业转型升级、实现可持续发展的关键。价值创造不仅体现在经济利润的增加上，更体现在企业社会价值、环境价值等多维度的提升上。因此，财务管理应围绕价值最大化这一目标，优化资源配置，提升运营效率，同时关注企业的长期竞争力和可持续发展能力。

为实现价值创造，企业财务管理需要从以下几个方面入手：一是加强成本控制，通过精细化管理减少不必要的开支，提高资源使用效率；二是优化资本结构，合理控制债务水平，降低融资成本，提高资本回报率；三是强化投资决策管理，以价值创造为标准评估投资项目，确保投资回报符合预期；四是推动产品与服务的创新，通过差异化竞争提升市场份额和客户满意度，进而增加企业价值。

此外，企业在财务管理方面还应积极融入企业战略规划，通过财务规划、预算管理和业绩评价等手段，引导企业资源向高价值领域倾斜，确保企业战略目标的实现；同时，加强与外部利益相关者的沟通与合作，共同构建价值共创、共享的生态体系。

三、增强风险管理意识

在全球化、信息化的时代背景下，企业面临的风险日益复杂多变，包括市场风险、信用风险、操作风险、法律风险等。因此，强化风险管理意识，建立健全风险管理体系，成为企业财务管理不可或缺的一环。

强化风险管理意识，首先要求企业高层管理者和全体员工充分认识到风险管理的重要性，将其纳入企业文化和日常管理中。其次，企业要建立完善的风险识别、评估、监控和应对机制，确保风险得到及时发现、有效控制和妥善处理。在风险识别方面，企业要运用多种方法和工具，全面梳理企业面临的各类风险；在风险评估方面，要采用定量与定性相结合的方法，科学评估风险的可能性和影响程度；在风险监控方面，要建立风险预警系统，实时监控风险动态；在风险应对方面，要制定有针对性的应对措施和预案，确保风险得到有效控制。

此外，企业还应加强内部控制建设，完善公司治理结构，提高信息披露透明度，加大外部监督力度，为风险管理提供有力保障。同时，企业要注重培养风险管理人才，提升风险管理团队的专业素养和综合能力，确保能够在复杂多变的市场环境中稳健前行。

四、推动财务数字化转型

随着大数据、云计算、人工智能等技术的快速发展，财务数字化转型已成为企业提升竞争力、实现高质量发展的必然选择。财务数字化转型旨在通过运用现代信息技术手段，优化财务流程、提高财务效率、增强财务决策能力，为企业创造更大的价值。

推动财务数字化转型，企业首先要构建数字化财务平台，实现财务数据的集中管理和实时共享。通过数字化平台，企业可以更加便捷地收集、整理和分析财务数据，为管理层提供更加准确、及时的决策支持。其次，企业要引入智能化财务工具，如智能报销系统、自动化账务处理系统等，减轻财务人员的工作负担，提高财务数据的准确性和工作处理效率。同时，企业要利用大数据和人工智能技术，对财务数据进行深度挖掘和分析，发现潜在的业务机会和风险点，为企业的战略决策提供有力支持。

此外，财务数字化转型还需要加强与其他业务系统的集成与协同，打破信息孤岛，实现数据的互联互通。通过与其他业务系统的深度融合，财务部门可以更加全面地了解企业的运营状况和市场动态，为企业的战略规划和日常运营提供更加精准、全面的支持。同时，财务部门要加强与其他部门的沟通与协作，共同推动企业的数字化转型进程，实现企业的全面升级和高质量发展。

第二节　先进管理工具与方法的引入

一、ERP 系统与财务管理集成

在当今企业管理的数字化浪潮中，ERP 系统与财务管理的集成已成为提升企业管理效率、优化资源配置、强化内部控制的重要手段。ERP 系统通过整合企业内部的各项业务流程，包括采购、生产、销售、库存、人力资源等，为财务管理提供了全面、实时、准确的数据支持，实现了财务管理与业务管理的无缝对接。以下从四个方面深入剖析 ERP 系统与财务管理的集成：

（一）数据一体化：打破信息孤岛，实现数据共享

ERP 系统与财务管理的集成首先体现在数据的一体化上。在传统管理模式下，财务与业务部门之间往往存在信息壁垒，导致数据孤岛现象严重，影响了决策效率和准确性。ERP 系统的引入，打破了这一瓶颈，通过统一的数

据平台和标准化的数据接口，实现了财务与业务数据的无缝对接和实时共享。这使得财务部门能够及时获取销售订单、采购合同、库存变动等关键业务信息，更好地开展成本核算、预算管理、财务分析等工作。同时，业务部门也能通过 ERP 系统了解财务状况和资金流动情况，从而更好地调整业务策略，实现资源的优化配置。

（二）流程自动化：提升工作效率，降低错误率

ERP 系统与财务管理的集成促进了业务流程的自动化。在 ERP 系统中，财务与业务流程被紧密地联系在一起，形成了一个闭环管理体系。例如，当销售部门录入销售订单后，ERP 系统会自动触发应收账款的生成和发票的开具；当采购部门完成采购入库后，系统会自动进行库存成本的核算和应付账款的确认。这些自动化流程不仅大大提高了工作效率，还减少了由人为因素导致的错误，增强了数据的准确性和可靠性。

（三）决策智能化：强化数据分析，支持科学决策

ERP 系统与财务管理的集成为企业提供了强大的数据分析工具，支持企业做出科学决策。ERP 系统内置了丰富的报表和分析模块，能够根据不同的需求生成各种财务报表、管理报告和业务分析图表。这些报表、报告和图表不仅能够直观地展示企业的财务状况和经营成果，还能够呈现各项指标的变化趋势和背后的原因。通过这些数据分析，企业管理层可以更加清晰地了解企业的运营状况和市场环境，及时发现潜在的问题和风险，从而做出更加科学合理的决策。

（四）内部控制强化：规范业务流程，提升管理水平

ERP 系统与财务管理的集成强化了企业的内部控制体系。ERP 系统通过预设的业务流程和审批流程，规范了企业的各项管理活动，减少了人为干预

和随意性操作的情况发生。同时，ERP 系统提供了权限管理和审计追踪功能，确保了数据的安全性和可追溯性。这些措施不仅提高了企业的管理水平和运营效率，还减少了由内部控制失效引发的风险。此外，ERP 系统还能够实时监控企业的财务状况和资金流动情况，及时发现并解决潜在的财务问题，为企业的稳健发展提供有力保障。

二、建设财务共享服务中心

财务共享服务中心建设旨在通过集中化、标准化、自动化的方式，优化财务流程，提高财务效率，降低运营成本，并提高企业的战略支持能力。

财务共享服务中心的建设首先要明确其战略定位与长远目标。企业应结合自身的发展阶段、业务特点、管理需求及未来规划，制定科学合理的财务共享服务中心建设方案。在这一过程中，顶层设计尤为重要，它涉及组织架构的重构、业务流程的再造、信息系统的整合等多个方面。企业通过顶层设计，确保财务共享服务中心能够与企业整体战略相契合，实现财务与业务的深度融合，为企业的持续发展提供有力支撑。

财务共享服务中心的核心在于流程的标准化与集中化。企业应对现有的财务流程进行全面梳理，识别并剔除冗余环节，优化流程设计，确保各项财务活动都能按照统一的标准和规范执行；同时，通过集中化处理，将原本分散在各业务单元的财务职能整合到财务共享服务中心，实现资源的共享与高效利用。这一过程不仅提升了财务处理的效率，还降低了人为错误风险，确保了数据的一致性和准确性。

信息技术是财务共享服务中心建设的关键驱动力。企业应选择或建设适合自身需求的财务管理系统或平台，如 ERP 系统、自动化工作流系统、大数据分析平台等，为财务共享服务中心提供强大的技术支持；通过信息系统的集成与升级，实现财务数据的实时采集、处理、分析和报告，为管理层提供及时、准确的财务信息；同时，利用云计算、人工智能等先进技术，不断提升财务共享服务中心的智能化水平，进一步提升财务处理的效率和准确性。

财务共享服务中心的建设离不开高素质的人才队伍。企业应注重财务人员的选拔与培养，通过内部培训、外部引进等方式，打造一支既懂财务又懂业务的复合型人才队伍；同时，加强团队建设，营造积极向上的工作氛围，激发员工的积极性和创造力；在财务共享服务中心的运营过程中，应注重知识管理和经验分享，不断提升团队的整体素质和能力水平；随着财务共享服务中心的不断发展，还应关注员工的职业发展路径和激励机制，确保人才队伍的稳定性与持续性。

综上所述，财务共享服务中心的建设是一个系统工程，需要企业在战略规划、流程优化、信息技术、人才培养等多个方面共同努力。通过科学规划、精心实施和持续优化，企业可以构建起高效、智能、协同的财务共享服务中心，为企业的战略转型和可持续发展提供坚实的财务支持。

三、应用区块链技术

区块链技术，以其去中心化、不可篡改、透明公开的特性，正逐步成为企业财务管理领域的一大创新驱动力。在提升透明度方面，区块链技术的应用不仅改变了传统的信任机制，还为企业内外部利益相关者提供了更加清晰、可信的信息通道。以下从四个维度深入探讨区块链技术如何助力提升财务管理透明度：

（一）数据透明度：确保信息的真实性与完整性

区块链技术的核心优势在于其分布式账本机制，这一机制使得链上数据一旦被记录便无法被篡改或删除，从而保证了数据的真实性和完整性。在财务管理中，通过应用区块链技术，企业可以实现对财务交易、资产变动等关键信息的全程可追溯，确保所有财务信息都是准确无误且公开透明的。区块链技术的应用不仅增强了企业内部管理层对财务状况的掌握能力，也为外部审计、投资者等利益相关者提供了更加可靠的信息来源，有助于营造更好的商业环境。

（二）流程透明度：优化财务流程，减少暗箱操作

区块链技术的引入能有效促进财务流程的透明化。通过将财务流程中的各个环节以智能合约的形式嵌入区块链中，企业可以实现流程的自动化执行和透明化管理。智能合约的透明性确保了合同条款的公开、可验证，降低了人为干预和暗箱操作的风险。同时，区块链上的每一笔交易都被记录并公开，使得所有参与者都能实时查看交易的最新状态，进一步提升了流程的透明度和可控性。这种透明化的流程不仅提高了财务处理的效率，还加大了企业内部的监管力度，降低了违规操作的可能性。

（三）合作透明度：加强供应链金融合作，提升互信水平

在供应链金融领域，区块链技术的应用极大地提升了合作透明度。在传统供应链金融中，由于信息不对称和信任缺失等问题，往往会出现融资难、融资贵等问题。而区块链技术通过其不可篡改的特性，为供应链上的各方提供了一个公开、透明的信息共享平台。在这个平台上，供应商、制造商、分销商、金融机构等各方可以实时查看供应链上的交易数据、物流信息、库存状况等关键信息，从而更加准确地评估对方的信用状况和还款能力。这不仅降低了融资成本，减少了融资风险，还促进了供应链金融合作的深化。

（四）监管透明度：助力政府监管，提升市场稳定性

区块链技术在提升监管透明度方面也发挥着重要作用。对于政府部门而言，构建基于区块链的监管平台，可以实现对企业财务数据的实时监控和审

计。这种监管方式不仅提高了监管的效率和准确性，还提高了监管的透明度和公信力。同时，区块链技术的去中心化特性也有助于打破传统监管体系中的信息壁垒和利益纠葛，使监管更加公正、公平。此外，区块链技术还能为监管机构提供数据分析支持，帮助监管机构更加精准地识别市场风险、打击违法违规行为，从而进一步提升市场的稳定性。

综上所述，区块链技术在提升财务管理透明度方面具有显著的优势和潜力。通过应用区块链技术，企业可以实现数据、流程、合作和监管等多个层面的透明化管理，为企业内部管理层和外部利益相关者提供更加清晰、可信的信息。这不仅有助于提高企业的竞争力和信誉度，还促进了供应链金融合作的深化以及政府监管的精准高效。

四、实施全面预算管理

全面预算管理作为现代企业管理的重要组成部分，是实现企业战略目标、优化资源配置、提升经营绩效的关键手段。通过全面、系统、动态的预算管理过程，企业能够实现对生产经营活动的全方位、全过程控制，确保各项经济活动的有序进行和目标的顺利实现。

全面预算管理的首要任务是明确企业的战略和目标。企业应根据市场环境、行业趋势、自身优劣势等因素，制定清晰、可行的战略目标，并将这些目标具体化为可量化的预算指标。这些指标应涵盖企业的收入、成本、利润、现金流等关键财务维度，以及与战略目标紧密相关的非财务指标，如市场份额、客户满意度等。通过设定明确的预算目标，企业能够将战略目标转化为具体的行动指南，为后续的预算编制和执行提供方向性指导。

预算编制是全面预算管理的核心环节。企业应遵循"全员参与、上下结合、分级编制、逐级汇总"的原则，确保预算编制的广泛性和科学性。在预算编制过程中，企业应充分考虑市场环境的变化、内部能力的调整以及历史数据的参考，采用科学合理的预算编制方法，如零基预算、弹性预算等。同时，企业应注重预算的精细化管理，将预算指标层层分解到各个业务部门、责任中心和具体岗位，实现资源的有效配置和合理利用。通过预算编制，企业能够明确各项经济活动的预算限额和成本控制要求，为后续的预算执行和考核奠定基础。

预算执行是全面预算管理的重要环节。企业应建立健全的预算执行机制，确保各项经济活动严格按照预算计划进行。在预算执行过程中，企业应注重实时监控和动态调整。通过定期分析预算执行情况与预算目标的偏差，企业可以及时发现潜在的问题和风险，并采取相应的措施进行纠正和调整。同时，企业还应建立预算调整的审批机制，确保预算调整的合理性和规范性。通过预算执行和监控调整，企业能够确保预算目标的实现，并不断优化资源配置和经营策略。

预算考核与绩效激励是全面预算管理的重要保障。企业应建立完善的预算考核体系，将预算执行情况纳入绩效考核范围，并与员工的薪酬、晋升等激励措施相挂钩。通过预算考核，企业可以客观评价各部门、各岗位的工作绩效和贡献程度，为后续的奖惩和激励提供依据。同时，企业还应注重绩效激励的公正性和有效性，确保激励措施能够真正激发员工的积极性和创造力。通过预算考核与绩效激励，企业能够形成闭环的预算管理流程，不断推动预算管理的持续改进和优化。

第三节　跨部门协同与财务业务一体化

一、建立跨部门沟通机制

在当今复杂多变的商业环境中，企业面临着前所未有的挑战与机遇。为了实现战略目标，提升整体运营效率，跨部门沟通机制的建立显得尤为重要。这一机制不仅是企业内部信息流通的桥梁，更是促进团队协作、优化资源配置、增强组织灵活性的关键所在。首先，跨部门沟通有助于打破信息孤岛，确保各部门间的信息对称，避免由信息不对称导致的决策失误或资源浪费。其次，通过有效沟通，各部门能够更清晰地理解彼此的工作目标、流程与需求，从而在履行各自职责的同时，更好地支持和配合其他部门的工作，形成合力，共同推动企业发展。此外，跨部门沟通机制还能促进创新思维的碰撞与融合，为企业持续发展注入活力。

要实现跨部门协同，企业首先需要明确协同的目标与原则，确保各部门在共同愿景下行动一致。其次，企业应建立定期会议制度，如周例会、月度总结会等，为各部门提供面对面交流的平台，及时分享进展、解决冲突、规划下一步工作。同时，企业应利用现代信息技术手段，如企业社交平台、项目管理软件等，实现信息的实时传递与共享，提高沟通效率。此外，企业还应建立跨部门项目小组或专项工作组，针对特定任务或项目进行跨部门协作，明确责任分工，强化团队协作精神。在协同过程中，企业应注重培养团队成员的跨部门意识，鼓励大家跳出部门局限，从公司整体利益出发思考问题，共同寻找最优解决方案。

财务业务一体化是现代企业管理的重要趋势，它要求将财务管理活动深度嵌入企业业务流程中，实现财务数据与业务数据的无缝对接。首先，企业应优化财务信息系统，确保其与业务系统之间的数据接口畅通无阻，实现数据的自动采集、处理与分析。其次，企业应加强财务与业务部门的沟通与协作，让财务人员深入了解业务流程，同时业务部门也需要具备基本的财务知识，以便更好地配合财务工作。在此基础上，企业应推动预算管理、成本控制、绩效考核等财务管理活动与业务活动紧密结合，形成闭环管理。此外，企业还应注重培养复合型财务人才，他们既精通财务知识，又了解业务流程，能够在财务与业务之间架起桥梁，推动财务业务一体化的深入实施。

跨部门沟通机制与财务业务一体化的建立并非一蹴而就，而是一个持续优化的过程。企业应建立有效的反馈机制，定期收集各部门对沟通机制与财务业务一体化实施效果的意见和建议，及时发现并解决问题；同时，鼓励员工提出创新性的改进建议，激发组织的内在活力；此外，还应关注外部环境的变化，如市场趋势、政策调整等，及时调整沟通机制与财务业务一体化的策略，确保其与企业战略目标保持一致；通过持续的优化与反馈，不断提升跨部门沟通效率与财务业务一体化的水平，为企业持续健康发展提供有力保障。

二、财务与业务数据对接

财务与业务数据的对接，作为跨部门协同与财务业务一体化的关键环节，其核心价值不容忽视。这一对接过程不仅实现了数据层面的无缝衔接，更促进了企业运营管理的深刻变革。首先，数据对接消除了财务与业务部门之间的信息壁垒，使得管理层能够基于全面的、实时的数据做出更加精准、高效的决策。这些决策不仅限于财务规划、成本控制等传统领域，更涵盖了市场策略、产品开发、客户服务等多个方面，从而全面提升企业的市场竞争力。其次，数据对接促进了资源的优化配置。通过对业务数据的深入分析，企业能够更准确地把握市场需求、预测销售趋势、评估投资回报，进而合理安排生产、采购、库存等各个环节,实现资源的最大化利用。最后,数据对接还有助于提升企业的风险管理能力。通过实时监控业务数据与财务数据的变化,企业能够及时发现潜在的经营风险,如现金流短缺、应收账款逾期等,并迅速采取措施加以应对,确保企业的稳健运营。

实现财务与业务数据的对接,需要借助先进的信息技术手段。首先,企业应构建统一的数据管理平台,作为数据整合与共享的基础设施。该平台应具备强大的数据处理能力、高度的可扩展性以及良好的安全性,能够满足企业日益增长的数据管理需求。其次,企业应通过数据接口或数据集成工具,实现财务系统与业务系统之间的数据互联互通。这要求企业在选择财务系统和业务系统时,充分考虑其开放性和兼容性,以便后续的数据对接工作顺利进行。同时,企业还应关注数据标准化问题,确保不同系统间数据格式、编码规则等的一致性,减少数据转换过程中的错误和延误。最后,企业要利用大数据、云计算、人工智能等先进技术,对财务与业务数据进行深度挖掘与分析,提取有价值的信息,为企业管理决策提供有力支持。

财务与业务数据的对接不仅仅是技术层面的工作,更需要企业从组织结构和业务流程上进行相应的调整。首先,企业应打破部门壁垒,建立跨部门的数据管理团队或数据治理委员会,负责统筹协调数据对接工作,确保各部门之间的有效沟通与协作。其次,企业应对业务流程进行梳理和优化,明确数据产生、收集、处理、分析、应用的各个环节和责任人,确保数据的准确性和及时性。同时,企业应建立数据质量监控机制,定期对数据质量进行检查和评估,及时发现数据遗漏,纠正数据错误。最后,企业应加强员工培训,增强员工的数据意识,提高员工的数据技能,确保他们能够充分利用财务与业务数据进行工作改进和创新。

财务与业务数据对接的效果需要企业持续监控和评估以确保其持续发挥效用。首先,企业应建立数据对接效果的评估指标体系,包括数据质量、数据及时性、数据应用效果等多个方面,为评估工作提供明确的标准和依据。其次,企业应定期进行数据对接效果的评估工作,通过对比分析、趋势分析等方法，评估数据对接对企业运营管理的影响和贡献。同时，企业应关注用户反馈和意见，了解数据对接在实际工作中的应用情况和存在的问题，为后续的改进工作提供参考。最后，企业应根据评估结果和用户反馈，及时调整和优化数据对接策略和技术方案，确保数据对接始终与企业的发展需求保持一致。通过持续监控和评估数据对接效果，企业可以不断优化和完善财务与业务数据的对接工作，为企业的发展提供强有力的数据支持。

三、推动业财融合项目

推动业财融合项目，是企业在复杂多变的市场环境中实现可持续发展的重要战略选择。业财融合不仅意味着财务与业务在职能上的深度融合，更是企业运营理念和管理模式的全面升级。首先，业财融合有助于企业形成全局视角，打破传统部门壁垒，促进资源的优化配置和高效利用。通过财务对业务活动的深度参与和支持，企业能够更准确地把握市场机会，制订符合市场需求的战略计划，并确保战略计划的顺利实施。其次，业财融合有助于提升企业的决策效率和准确性。财务部门通过深入了解业务运营情况，能够为管理层提供更加全面、准确的数据支持，帮助管理层做出更加科学合理的决策。同时，业务部门也能够借助财务分析工具和方法，对自身运营状况进行更加深入的分析和评估，从而不断提升自身的运营效率和营利能力。最后，业财融合还有助于加强企业的风险管理和内部控制。财务部门通过对业务活动的全程监控和评估，能够及时发现潜在的风险因素，并采取相应的措施加以防范和控制，确保企业的稳健运营。

推动业财融合项目需要企业从多个方面入手，制定切实可行的实施路径。首先，企业需要明确业财融合的目标和原则，确保所有参与人员都能够理解并认同这些目标和原则。在此基础上，企业可以制订详细的实施计划和时间表，明确各个阶段的任务和责任人。其次，企业需要加强财务与业务部门之间的沟通与协作。通过定期召开联席会议、建立信息共享平台等方式，促进财务与业务部门之间的信息共享和交流。同时，企业还可以组织跨部门培训和学习活动，提升员工对业财融合的理解和认识。此外，企业还需要对现有的业务流程和管理制度进行梳理和优化，确保它们能够适应业财融合的需求。这包括调整组织架构、优化流程设计、完善内控制度等方面的工作。最后，企业需要建立有效的监督和评估机制，对业财融合项目的实施效果进行定期评估和反馈，确保项目能够按照既定目标顺利推进。

推动业财融合项目需要企业拥有一支具备跨学科知识和技能的复合型人才队伍。这些人才不仅需要具备扎实的财务知识和技能，还需要了解业务运营情况和市场发展趋势。为了培养这样的复合型人才队伍，企业可以采取多种措施。首先，企业可以加强内部培训，为员工提供财务和业务知识的培训和学习机会，通过邀请专家授课、组织内部研讨会等方式，提升员工对财务和业务知识的理解和掌握程度。其次，企业可以鼓励员工跨部门交流和轮岗锻炼，通过让员工在不同部门之间轮岗工作，帮助他们了解不同部门的运营情况和业务流程，从而提升他们的综合素质和跨领域协作能力。此外，企业还可以与高校和研究机构建立合作关系，共同培养具备跨学科知识和技能的复合型人才。

随着市场环境的变化和企业内部运营情况的变化，业财融合项目也需要不断地进行调整和完善。首先，企业需要关注市场环境的变化和客户需求的变化，通过深入分析市场趋势和客户需求变化，及时调整业财融合项目的战略目标和实施计划，确保项目能够始终符合市场需求和企业发展要求。其次，企业需要关注内部运营情况的变化，通过定期评估内部运营效率、成本控制、风险管理等方面的情况，发现存在的问题和不足，并采取相应的措施加以改进和完善。此外，企业还需要关注新技术和新方法的发展动态，通过引入新技术和新方法，不断提升业财融合项目的智能化水平和自动化程度，降低运营成本，提高运营效率。最后，企业需要建立有效的反馈机制和持续改进机制，通过收集用户反馈意见、开展内部评审和审计等方式，及时发现并纠正项目中存在的问题和不足，确保项目能够持续改进和优化以满足企业的发展需求。

四、优化资源配置，强化协同效应

在跨部门协同与财务业务一体化的背景下，优化资源配置是企业提升运营效率、实现可持续发展的关键。资源配置优化的核心策略在于精准识别企业内部的资源需求与供给，通过科学合理的规划与管理，确保资源能够高效、准确地流向最需要的地方。首先，企业需要建立全面的资源管理体系，明确各类资源的定义、分类、计量和评估标准，为资源配置提供基础数据支持。其次，企业需要通过跨部门协作，深入了解各业务单元的实际需求与潜在能力，形成统一的资源需求预测和供给计划。在此基础上，运用先进的资源配置模型和方法，如线性规划、网络资源分配等，对资源进行科学配置，提高资源利用效率。同时，企业需要注重资源的动态调整与灵活配置，根据市场变化和企业战略的调整，及时对资源配置方案进行优化和调整。

跨部门协同与财务业务一体化不仅要求资源的优化配置，更强调各部门之间的协同效应。协同效应的强化机制在于构建良好的沟通与协作机制，促进信息共享与知识交流，激发团队的创新活力。首先，企业需要建立跨部门沟通平台，如定期会议、项目协作平台等，为各部门提供便捷、高效的沟通渠道，通过定期沟通与交流，增进部门间的理解和信任，减少误解和冲突。其次，企业需要推动信息共享与知识管理，建立统一的信息管理系统和知识库，确保各部门能够及时获取所需的信息和知识资源，通过信息共享与知识交流，促进部门间的相互学习和借鉴，提升整体的创新能力和竞争力。同时，企业需要鼓励团队合作与协同创新，通过组建跨部门项目团队、开展联合研发等方式，激发团队成员的创新思维和协作精神，共同攻克技术难题和市场挑战。

为了保证跨部门协同与财务业务一体化的顺利推进，企业需要建立完善的绩效评估与激励机制。绩效评估是衡量各部门工作成果和贡献的重要手段，科学、公正的绩效评估体系可以准确反映各部门的工作表现和业绩水平。在此基础上，企业可以设计合理的激励机制，将绩效评估结果与员工的薪酬、晋升、培训等方面紧密挂钩，激发员工的工作积极性和创造力。同时，企业要注重激励机制的差异化与个性化设计，根据不同部门和岗位的特点和需求，制定差异化的激励方案，确保激励机制的针对性和有效性。此外，企业还需要建立绩效反馈与改进机制，定期对绩效评估结果进行分析和总结，发现存在的问题和不足，并采取相应的措施加以改进和完善。

跨部门协同与财务业务一体化的成功实施离不开企业文化的支撑和良好氛围的营造。企业文化是企业的灵魂和核心价值观的体现，企业通过塑造积极向上的企业文化氛围，可以激发员工的归属感和使命感，促进员工的团结与协作。首先，企业需要明确自身的使命、愿景和价值观，并将其贯穿于企业运营的各个环节中，通过宣传教育、内部培训等方式，让员工深入理解并认同企业的使命、愿景和价值观。其次，企业要注重培养员工的团队精神和协作意识，通过组织团队建设活动、开展跨部门合作等方式，增进员工之间的了解和信任，形成良好的团队协作氛围。同时，企业要鼓励员工勇于创新和尝试新事物，建立容错机制和创新激励机制，激发员工的创新潜力和创造力。最后，企业要注重营造开放、包容的企业文化氛围，鼓励员工提出意见和建议，促进企业与员工之间的良好沟通和互动，通过不断优化企业文化和营造良好氛围，为跨部门协同与财务业务一体化的成功实施提供有力保障。

第四节 人才培养与团队建设

一、明确人才需求与规划

(一) 企业财务金融管理人才需求的本质

企业财务金融管理人才,作为连接企业战略与财务执行的桥梁,其需求的核心在于支撑企业的长期发展与稳健运营。这一需求不仅体现在对专业技能的要求上,更体现在对人才综合素质的全方位考量上。随着企业规模的扩大和业务复杂度的提升,财务金融管理人才需要具备高度的责任心、敏锐的洞察力以及卓越的决策能力。他们不仅要精通财务报表分析、成本控制、资金管理等基础技能,还要深入理解企业业务模式,能够基于财务数据为企业的战略决策提供有力支持。

此外,面对日益激烈的市场竞争和快速变化的市场环境,企业财务金融管理人才还要具备创新思维和适应能力。他们需要不断探索新的财务管理工具和方法,如利用大数据、人工智能等技术优化财务管理流程,提高管理效率。同时,他们还要密切关注市场动态,灵活调整财务策略,以应对外部环境的变化。

(二) 企业财务金融管理人才的能力框架构建

为了满足上述需求,企业财务金融管理人才的能力框架应涵盖多个方面:首先是专业知识与技能,包括财务会计、管理会计、税务筹划、投融资管理、风险管理等核心领域的知识储备和实操能力;其次是数据分析能力,能够熟练运用各种数据分析工具和方法,对财务数据进行深入挖掘和分析,为决策提供科学依据;再者是战略思维与决策能力,能够从企业整体战略出发,制订符合企业长远发展的财务规划并制定策略；此外，沟通协调能力、团队协作能力以及持续学习能力也是企业财务金融管理人才不可或缺的能力，他们需要与不同部门、不同层级的员工进行有效沟通，协调各方资源，共同推动企业财务目标的实现，还要保持对新知识、新技能的学习热情，不断提升自己的专业素养和综合能力。

（三）企业财务金融管理人才规划的策略制定

为了满足企业财务金融管理人才的需求，企业需要制定科学合理的人才规划策略。首先，企业要明确企业未来的发展方向和战略目标，根据战略需求确定财务金融管理人才的数量、结构和质量要求。其次，企业要通过多种渠道引进优秀人才，如校园招聘、社会招聘、猎头公司等，确保人才来源的多样性和人才的高质量。同时，企业要加强内部人才培养和激励机制建设，通过培训、轮岗、晋升等方式激发员工的潜力和工作热情。

在人才规划的实施过程中，企业还要注重人才的合理配置和动态调整，根据企业实际情况和市场需求变化，及时调整人才结构和岗位设置，确保人才资源的有效利用和最大化发挥。此外，企业还要建立健全的人才评价体系和反馈机制，对人才的工作表现进行客观评价并及时反馈结果，为人才的成长和发展提供有力支持。

随着全球经济一体化的深入发展和数字化转型的加速推进，企业财务金融管理人才的发展将呈现新的趋势。一方面，随着金融科技的不断创新和应用，财务金融管理人才需要掌握更多的数字化技能和工具，区块链、人工智能、大数据等技术的应用将成为未来财务管理的重要方向。另一方面，随着企业国际化程度的提高和市场竞争的加剧，财务金融管理人才需要具备更强的跨文化沟通能力和更广阔的国际视野，以应对全球化带来的挑战和机遇。

因此，企业在制定财务金融管理人才规划策略时，应充分考虑未来趋势的影响，提前布局和储备相关人才资源。同时，企业还应加强与国际同行的交流与合作，借鉴国际先进经验和管理模式，不断提升自身在财务金融管理领域的竞争力和影响力。

二、搭建培训体系，整合培训资源

（一）构建系统化的企业财务金融管理培训体系

在快速变化的市场环境中，企业财务金融管理人才的知识与技能需要不断更新与升级。因此，构建一个系统化的培训体系至关重要。该体系应涵盖基础理论教育、专业技能培训、前沿知识探索等多个层面，确保财务金融管理人才在职业生涯的各个阶段都能获得有针对性的成长支持。

首先，基础理论教育是培训体系的基石。通过系统的课程学习，新员工可以快速掌握财务会计、财务管理、金融市场等基础知识，为后续的专业技能学习打下坚实基础。企业要定期为现有员工进行培训，确保他们紧跟行业发展趋势，不脱节于时代。

其次，专业技能培训是提升人才核心竞争力的关键。企业要针对不同岗位的需求，设计定制化的培训课程，如成本控制、资金运作、税务筹划、风险管理等，通过模拟实战、案例分析、角色扮演等多样化教学手段，提升员工的实操能力和问题解决能力。

此外，前沿知识探索是培训体系的重要组成部分。企业要鼓励并支持财务金融管理人才参加行业研讨会、学术论坛、在线课程等，了解最新的金融科技、管理理论、政策法规等前沿信息，激发他们的创新思维和前瞻意识，为企业注入新的活力。

（二）整合与优化培训资源

搭建培训体系的过程中，资源的整合与优化是不可或缺的环节。企业应充分利用内外部资源，形成优势互补，提升培训效果。

在内部资源方面，企业应挖掘并培养内部讲师团队。他们应熟悉企业文化、业务流程和实际需求，能够提供更贴近实际的培训内容。同时，企业应建立学习资源库，包括电子书籍、在线课程、案例库等，方便员工随时随地进行学习。

在外部资源方面，企业应积极寻求与高校、研究机构、咨询公司等外部机构的合作，引入优质的教育资源和专家资源，为财务金融管理人才提供更广阔的学习平台。此外，企业财务金融管理人才还可以通过参加行业协会、加入专业社群等方式，拓展人脉资源，获取更多的行业信息和经验。

（三）实施个性化与差异化培训策略

企业财务金融管理人才具有多样化的背景和需求，因此实施个性化与差异化的培训策略尤为重要。企业应关注每位人才的职业发展规划和学习需求，量身定制培训计划，确保培训内容与个人发展目标相契合。

对于新入职的员工，企业应重点进行企业文化、岗位技能等方面的培训，帮助他们快速融入团队并胜任工作。对于中高层管理人员，企业则应注重战略思维、领导力、决策能力等方面的培养，提升他们的综合素质和管理能力。同时，针对有特殊需求或潜力的员工，企业可以提供定制化的培训项目或海外研修机会，助力他们成长为行业领袖或专家。

（四）建立培训效果评估与反馈机制

为了确保培训体系的有效性和持续改进，建立培训效果评估与反馈机制至关重要。企业应定期对培训项目进行效果评估，包括学员满意度、知识掌握程度、行为改变情况等方面的考查，通过问卷调查、考试测试、项目汇报等多种方式收集数据和信息，对培训效果进行全面客观的评价。

同时，企业应建立畅通的反馈渠道，鼓励学员和管理人员提出意见和建议，对收集到的反馈信息进行认真分析和研究，找出培训中存在的问题和不足，并制定相应的改进措施和优化方案。通过不断地评估与反馈循环，企业可以持续提升培训质量和效果，为企业财务金融管理人才的成长和发展提供有力保障。

三、建立学习型组织文化

（一）倡导持续学习与个人成长的理念

建立学习型组织文化的首要任务是在企业内部广泛倡导持续学习与个人成长的理念。这种理念应深入人心，成为员工共同的价值观和行为准则，企业应明确传达。无论处于何种岗位和层级，学习都是职业生涯中不可或缺的一部分，是个人提升和企业发展的关键驱动力。

为了强化这一理念，企业可以通过多种方式进行宣传和教育，例如：举办学习动员大会，邀请行业专家或内部优秀员工分享学习心得和成长经历；在内部通信系统、公告栏等渠道定期发布学习资讯和推荐阅读材料；设立"学习标兵"或"学习之星"等荣誉称号，表彰在学习方面表现突出的员工，彰显榜样力量。

（二）构建知识共享与交流的平台

学习型组织文化的核心在于知识的共享与交流。企业应积极构建多元化的知识共享平台，促进员工之间的信息互通和经验共享。这些平台包括企业内部网络、社交媒体群组、在线学习管理系统等，它们为员工提供了便捷的交流和协作工具。

在平台上，员工可以发布自己的学习心得、工作成果、问题困惑等内容，与同事进行交流和讨论。同时，企业也可以定期举办线上或线下的知识分享会、研讨会等,邀请内外部专家举办讲座,拓宽员工的知识视野和思维边界。

(三)鼓励创新与试错的文化氛围

学习型组织文化鼓励员工敢于创新、勇于试错。企业应营造一种宽松包容的文化氛围,让员工在探索新知识和新方法的过程中感到自由和安全。即使尝试失败,员工也应得到理解和支持,而不是惩罚和责备。

为了鼓励创新,企业可以设立创新基金或奖励机制,对提出创新方案并成功实施的员工给予物质和精神上的奖励。同时,企业还可以建立跨部门、跨领域的创新团队或项目小组,鼓励员工跨界合作、协同创新。

(四)强化领导者的示范作用与引领作用

在学习型组织文化的建设过程中,领导者的示范作用至关重要。领导者应成为学习的典范和引领者,通过言传身教来激发员工的学习热情。

领导者应积极参与各种学习活动,不断提升自己的知识水平和领导能力。同时,领导者还应关注员工的学习需求和发展动态,为员工提供必要的支持和帮助,通过定期与员工进行面对面的交流和沟通,了解他们的学习进展和困惑,给予及时的指导和反馈。

此外,领导者还应积极倡导学习成果的应用和转化。他们应鼓励员工将所学知识应用于实际工作中,解决实际问题,推动企业的持续改进和创新发展。这种方式不仅可以增强员工的学习动力和成就感,还可以提升组织的整体竞争力和创新能力。

四、激励与保留关键人才

（一）设计具有竞争力的薪酬体系

在激励与保留关键人才的过程中，设计具有竞争力的薪酬体系是关键的一环。企业应深入了解市场薪酬水平，确保关键岗位的薪酬具有市场竞争力，以吸引和留住优秀人才。薪酬体系的设计应综合考虑基本工资、绩效奖金、股权激励等多种因素，既体现公平性又具有激励性。

基本工资应作为员工收入的稳定部分，确保员工的基本生活需求得到满足。绩效奖金则与员工的工作表现和业绩挂钩，鼓励员工积极投入工作，追求更高的绩效目标。股权激励作为一种长期激励手段，将员工的利益与企业的长远发展紧密相连，有助于增强员工的归属感，提高员工的忠诚度。

（二）建立多元化的职业发展路径

除了物质激励外，为关键人才提供多元化的职业发展路径同样重要。企业应根据员工的兴趣、能力和职业规划，为他们设计个性化的职业发展方案，帮助他们实现个人价值和职业目标。

职业发展路径的多元化体现在多个方面。首先，企业应提供多个内部晋升机会，让员工在不同岗位和部门之间流动，拓宽视野，积累经验。其次，企业应鼓励并支持员工参加外部培训和学习，提升专业技能和综合素质。此外，企业还可以建立导师制度或职业发展规划小组，为员工提供专业的职业指导和建议。

（三）强化精神激励与认可机制

精神激励与认可机制是激励与保留关键人才不可或缺的一环。企业应注重对员工的精神关怀和认可，增强员工的归属感和幸福感。

强化精神激励与认可机制可以体现在多个方面。首先，企业应定期举办表彰大会或颁奖典礼，对在工作中表现突出的员工进行公开表彰和奖励。这种形式的认可不仅可以让员工感受到企业的重视和尊重，还可以激发其他员工的积极性和进取心。其次，企业应建立员工关怀机制，关注员工的生活和工作状态，及时给予帮助和支持。例如，设立员工互助基金，提供心理健康服务等。

（四）构建和谐的工作环境与企业文化

构建和谐的工作环境与企业文化对于激励与保留关键人才同样至关重要。积极向上、团结协作的工作氛围能够激发员工的工作热情和创造力，促进企业的持续发展。

为了构建和谐的工作环境，企业应注重营造良好的沟通氛围，引导员工发挥团队协作精神，通过定期的团队建设活动、员工交流会等方式，增进员工之间的了解和信任，促进信息共享和团队合作。同时，企业还应关注员工的工作与生活是否平衡，合理安排工作任务和休息时间，避免员工过度加班和压力过大。

在企业文化建设方面，企业应注重培育积极向上、开放包容的企业文化。通过企业使命、愿景和价值观的宣传和践行，引导员工树立正确的价值观和职业操守。同时，企业还应注重培养员工的创新意识和学习能力，鼓励员工勇于尝试新事物、接受新挑战。这种积极向上的企业文化将为关键人才的成长和发展提供有力支持。

参 考 文 献

[1] 曹仰锋. 第四次管理革命[M]. 北京：中信出版社，2019.

[2] 常青，王坤，檀江云. 智能化财务管理与内部控制[M]. 长春：吉林人民出版社，2021.

[3] 陈德智，毕雅丽，云娇. 金融经济与财务管理[M]. 长春：吉林人民出版社，2020.

[4] 陈凤丽，高莉，占英春. 财务管理与金融创新[M]. 长春：吉林出版集团股份有限公司，2018.

[5] 代冰莹，雷舒靓，樊姣姣. 财务会计在企业中的应用研究[M]. 北京：中国商务出版社，2023.

[6] 韩军喜，吴复晓，赫丛喜. 智能化财务管理与经济发展[M]. 长春：吉林人民出版社，2021.

[7] 胡娜. 现代企业财务管理与金融创新研究[M]. 长春：吉林人民出版社，2020.

[8] 刘赛，刘小海. 智能时代财务管理转型研究[M]. 长春：吉林人民出版社，2020.

[9] 罗进. 新经济环境下企业财务管理实务研究[M]. 北京：中国商业出版社，2019.

[10] 王鲁泉. 财务管理与金融创新研究[M]. 长春：吉林出版集团股份有限公司，2020.

[11] 徐升华，沈波，舒蔚. 财经管理信息系统[M]. 北京：高等教育出版社，2011.

[12] 张景岩，于志洲，卢广斌. 现代经济发展理论与金融管理[M]. 长春：吉

林科学技术出版社，2021.

[13] 朱丰伟，袁雁鸣，安金萍.现代财务会计与企业管理研究[M].北京：中国商务出版社，2023.